외모도
실력이다

외모도 실력이다

1판 1쇄 펴낸날 2025년 5월 26일

지은이 장소진

펴낸이 나성원
펴낸곳 나비의활주로

책임편집 박선주
디자인 BIG WAVE

전화 070-7643-7272
팩스 02-6499-0595
전자우편 butterflyrun@naver.com
출판등록 제2010-000138호
상표등록 제40-1362154호
ISBN 979-11-93110-62-1 03320

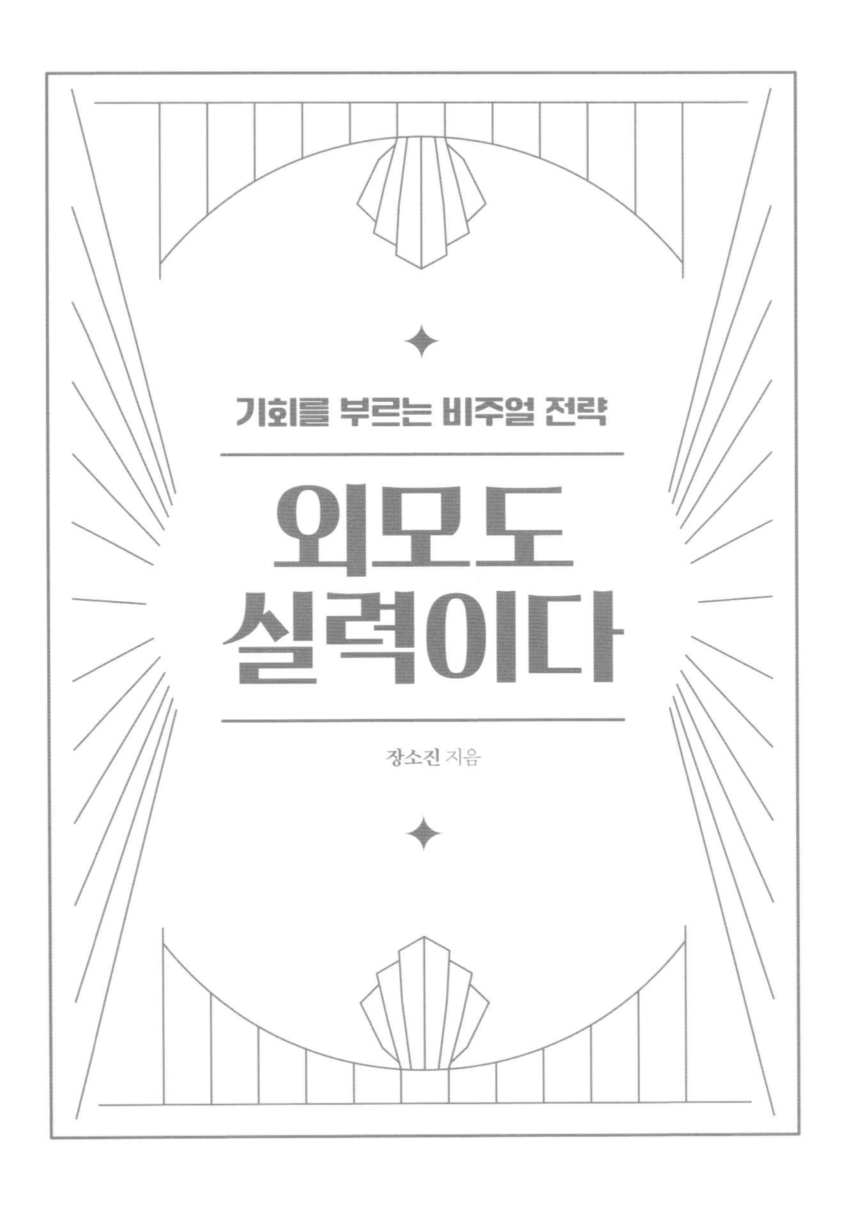

기회를 부르는 비주얼 전략

외모도 실력이다

장소진 지음

나비의 활주로

프롤로그
당신의 이미지가 중요한 이유

스티브 잡스는 이렇게 말했습니다.

"아름다움은 성능이다."

그의 철학을 단순한 디자인의 개념으로만 이해하기에는 부족합니다. 그가 말하는 '아름다움Beauty'은 외형적인 것만 의미하는 것이 아니라, 기능성과 조화를 이루는 완벽한 상태를 의미합니다. 다시 말해, 최상의 성능을 갖춘 것이 곧 아름답다는 뜻이죠.

그렇다면 이 개념을 사람의 이미지에 적용해 보면 어떨까요?

이미지는 '겉모습'만이 아니다

우리 사회에서 '이미지'란 단지 외적인 아름다움만을 뜻하는 것이 아닙니다.

능력, 태도, 신뢰감, 전문성 등이 조화를 이루어야 진정한 의미의 좋은 이미지가 완성됩니다.

단정한 외모는 신뢰감을 주고
자신에게 어울리는 스타일은 자신감을 높여주며
적절한 표정과 태도는 호감을 형성합니다.

결국, 우리는 이미지를 통해 '보이는 성능'을 전달하는 것입니다. 스티브 잡스가 제품 디자인에서 '아름다움과 성능은 하나다'라고 말한 것처럼 우리의 이미지도 개인의 능력과 태도를 담아내는 그릇이 되는 것이죠.

당신의 이미지는 당신을 대변한다

한 사람을 처음 만났을 때, 우리는 말보다 이미지로 더 많은 정보를 받아들입니다.

첫인상은 단 몇 초 만에 결정되지만, 그것이 신뢰를 얻는 요인이 될 수도 있고, 반대로 기회를 놓치는 요인이 될 수도 있습니다.

옷차림 하나로 상대방의 기대감이 달라지고
표정 하나로 당신의 태도를 판단 받을 수도 있으며

목소리 톤과 제스처로 자신감을 보여줄 수도 있습니다.

외적인 이미지는 당신이 가진 능력과 가치를 더 잘 전달하는 도구입니다. 옥스퍼드대 출신 경영 컨설턴트이자 세계적 협상 전문가인 잭 내셔Jack Nasher는 그의 저서 『어떻게 능력을 보여줄 것인가』에서 이렇게 말합니다.

"표현하지 않아도 당신이 얼마나 유능한 인재인지 단번에 알아보는 상대란 거의 존재하지 않는다."

당신은 지금 원하는 이미지를 제대로 표현하고 있나요?

당신의 성능(능력)을 돋보이게 할 수 있는 최적의 이미지를 가지고 있나요?

잭 내셔는 '액자 없는 예술품'이 되지 말라고 조언합니다.

이제는 외모를 겉치레가 아니라, 자신의 성능을 극대화하는 전략적인 요소로 바라볼 때입니다.

비주얼 컨설턴트, 나를 가장 잘 표현하는 말

메이크업 아티스트, 퍼스널 컬러리스트, 이미지 컨설턴트, 스타일리스트, 패션 테라피스트…, 지금까지 저를 표현하는 수식어는 많았습니다. 어느 하나 빠질 것 없이 다 해당되지만, 한마디로 정의할 수 있는 단어가 필요했습니다.

제가 해왔던 일들을 가만히 들여다보니, 결국 사람들의 외모와 스타일에 관한 정보를 수집하고, 선별하고, 전달하는 일이었습니다. 그렇다면 나를 가장 잘 설명할 수 있는 단어는 뭘까? 고민 끝에 '비주얼 컨설턴트'라는 표현이 가장 적절하다는 결론을 내렸습니다.

비주얼 컨설턴트는 나의 천직

"비주얼 컨설턴트? 어떤 일을 하죠?"

처음 제 직업을 들은 사람들은 종종 이렇게 묻습니다. 저는 웃으며 대답합니다.

"쉽게 말하면, 사람들의 이미지를 가장 매력적으로 만들어주는 일입니다."

그러면 상대방은 고개를 끄덕이며 다시 묻습니다.

"그럼 스타일리스트와 같은 건가요?"

비슷하지만 조금 다릅니다. 스타일리스트는 주로 연예인이나 특정 이벤트를 위한 옷을 코디해주지만, 비주얼 컨설턴트는 단순히 옷만 추천하는 게 아니라 그 사람의 전체적인 이미지를 만들어줍니다. 퍼스널 컬러, 패션 스타일, 메이크업, 태도, 심지어 말투까지 컨설팅할 때도 있습니다.

왜 이 일이 나한테 잘 맞을까?

솔직히 말해서, 나는 이 일이 그냥 직업이 아니라 천직이라고 생각합니다. 왜냐고요?

첫째. 사람을 변화시키는 과정이 너무 신기하니까요.

저는 사람들이 변화하는 걸 직접 보면 정말 감동합니다. 처음 저를 찾아오는 사람들은 대개 자신감이 부족하거나 외모에 대한 고민이 많습니다. 그런데 스타일을 바꾸고 어울리는 컬러를 입고, 메이크업을 조금 달리했을 뿐인데 표정부터 달라집니다.

"선생님, 저 원래 이렇게 세련된 사람이었나요?"

거울을 보며 이렇게 말하는 순간, 저도 덩달아 기분이 좋아집니다. 그리고 몇 주 후,

"면접 붙었어요!" "고객들에게 신뢰도가 확 올라갔어요!"

이런 연락이 오면, 더할 나위 없이 뿌듯합니다.

둘째. 예술과 과학이 섞여 있는 직업입니다.

비주얼 컨설팅은 단순히 '감'으로 하는 일이 아닙니다. 과학적인 분석이 필요하죠. 예를 들어 같은 블루라도 쿨톤이 어울리는 사람이 있고, 웜톤이 어울리는 사람이 있습니다. 체형에 따라서도 실루엣이 달라집니다. 하지만 이걸 분석만으로 해결하는 게 아니라, 감각으로도

조화를 맞춰야 합니다. 그래서 늘 고민합니다.

'이분에게 어떤 이미지가 가장 어울릴까?'

이렇게 감성과 논리를 동시에 써야 하는 일이 나에게 딱 맞다고 생각합니다.

셋째. 배울 게 끝이 없습니다.

이 일은 공부를 멈추는 순간 뒤처집니다.

패션 트렌드는 계속 바뀌고, 컬러 이론도 발전하며 사람들의 취향도 달라지죠. 그래서 저는 늘 새로운 걸 배우고 연구하는 게 즐겁습니다.

'요즘 유행하는 컬러 트렌드는 뭐지?'

'이 직업군에는 어떤 이미지가 가장 신뢰감을 줄까?'

이런 고민을 하면서 성장하는 과정이 재미있습니다.

넷째. 고객의 성공이 곧 내 성공!

제가 하는 일이 사람들에게 새로운 기회를 얻는 데 도움이 될 수 있다는 것이 정말 멋지다고 생각합니다.

면접을 앞둔 취업 준비생, 신뢰를 높이고 싶은 창업자, 자기만의 브랜드를 만들고 싶은 직장인까지….

그들의 목표를 이룰 수 있도록 돕는 것이 저의 역할입니다. 그리고 그들이 목표를 이루면, 그 기쁨은 제 기쁨이 됩니다.

'외모도 스펙이다.'라는 말, 요즘 들어 한 번쯤은 들어보셨죠? 이제는 외모도 경쟁력인 시대가 되면서, 자신의 생김새나 스타일에 대해 한 번도 고민해 보지 않은 사람이 과연 있을까요? 사실 외모든 내면이든 완벽한 사람은 거의 없습니다. 저 역시도 외모에 대한 열등감이 컸던 시절이 있었고, 어찌 보면 그 열등감 덕분에 지금의 일을 하고 있는지도 모르겠습니다.

저는 눈썹 숱이 많지 않아서 매일 눈썹을 그리는 게 숙제처럼 느껴졌습니다. 그런데 그 과정에서 메이크업에 대한 관심이 커졌고, 결국 메이크업 아티스트라는 직업을 갖게 되었습니다. 20대에 MBC 방송국에 분장사로 입사하고, 영화, 드라마, 예능, 뉴스 등 다양한 분야의 연예인과 출연자들을 분장하면서 자연스럽게 이미지, 색채, 패션 심리에 관심을 두게 되었습니다.

그 후에는 국내 화장품 브랜드와 외국계 화장품 회사에서 교육 강사로 일하면서 메이크업을 가르쳤고, 40대에는 10년간 의류 사업을 했습니다. 또한 대학에서 강의하면서 30년 넘게 관련 일들을 해왔습니다. 이렇게 쌓아온 경험과 정보를 많은 분과 나누고, 이미지가 얼마나 중요한지 알릴 수 있어서 참 감사한 마음입니다.

평범한 회사원에서 방송국 분장사로, 운명을 바꾼 한 장의 전단지

고등학교 2학년 때, 미술 선생님의 권유로 미대 입시를 준비했습니다. 하지만 집안 사정으로 꿈을 계속 이어갈 수는 없었습니다. 대신, 당시 88올림픽을 앞두고 유망했던 관광호텔 관련 학과로 진학했습니다. 졸업 후에는 취업도 잘 되었고, 3년간 무탈하게 직장 생활을 했습니다.

그런데 문득 이런 생각이 들었습니다. '나이가 들어도 꾸준히 할 수 있는 일이 있으면 좋겠다.' 어떤 기술이든 배워야겠다는 결심을 하고 고민을 하던 중, 우연히 길에서 '메이크업 전문가 양성' 강좌 홍보 전단지를 보게 되었습니다. 뭔가에 홀린 듯 바로 등록했고, 3개월 동안 수업을 들으며 깊숙이 잠들어 있던 미적 감각이 깨어나는 걸 느꼈습니다.

수업 중에 강사님이 이런 말씀을 하셨습니다.

"메이크업은 단순히 얼굴을 예쁘게 하는 것뿐만 아니라, 컬러 감각도 필요합니다."

컬러 감각이란 말이 너무 매력적으로 들렸습니다. '내 길이다!'라는 확신이 들었고, 결국 다니던 회사를 그만두고 본격적으로 프로페셔널 메이크업을 배우기 시작했습니다.

배우면 배울수록 더 흥미로웠습니다. 뷰티 메이크업만 있는 게 아니라 특수 분장까지 분야가 정말 다양했습니다. 2년여 동안 전문 학원만 다섯 곳을 다니며 기술을 익히고, 경험을 쌓았고 결국 MBC 방송국 분장실에 입사하게 되었습니다.

외모가 변하면 태도가 변한다

배우는 배역을 맡으면 완전히 다른 사람이 됩니다. 방송국 분장사로 일하면서 수많은 배우와 출연자들을 만났는데, 그들은 맡은 배역을 더 그럴듯하게 표현하기 위해 외모를 바꿉니다. 헤어스타일, 메이크업, 의상까지 모두 변신하고 나면, 신기하게도 목소리 톤까지 달라집니다. 극 중 인물로 완벽하게 탈바꿈하는 것이죠.

배우들은 분장을 하면 자신도 모르게 몰입도가 높아진다고 합니다. 가발을 씌우거나 수염을 붙이기만 해도 이미지가 달라지고, 행동까지 변합니다. 멀쩡한 사람이 바보 분장을 하면 정말 바보처럼 행동하고, 젊은 사람이 노역 분장을 하면 걸음걸이부터 달라집니다. 눈썹과 아이라인을 어떻게 그리느냐에 따라 사나운 얼굴이 되기도 하고, 순한 얼굴이 되기도 합니다. 결국, 어떻게 외형을 변화시키느냐에 따라 완전히 새로운 캐릭터로 다시 태어납니다.

우리가 배우들처럼 매일 극적으로 캐릭터 변신을 하며 살 수는 없지만, 필요할 때 외적인 변화를 통해 원하는 이미지를 만들 수 있습니다. 그리고 외모가 달라지면 태도 역시 자연스럽게 달라집니다.

예를 들어, 청바지에 운동화를 신었을 때와 말끔한 정장에 반짝이는 구두를 신었을 때를 떠올려 보세요. 이미 머릿속에서부터 느낌이 다르지 않나요? 정장을 입으면 자연스럽게 행동이 조심스러워지고, 품위를 지키려는 마음가짐이 생깁니다. 이처럼 외적인 변화는 단순히 스타일의 변화뿐만 아니라, 마인드까지 바꾸는 힘이 있습니다. 마인드가 달라지면 태도가 변하고, 태도가 변하면 우리의 모습도 더욱 긍정적인 방향으로 나아갈 수 있습니다.

이미지 메이킹에 대한 관심, 그리고 새로운 도전

분장사로 한창 일하던 중, 우연히 한 권의 책을 만나게 되었습니다.

김보배의『옷 입는 게 왜 그래요』라는 책이었습니다.

저자는 미국 뉴욕의 파슨스 스쿨에서 '이미지 컨설팅'이라는 분야를 전공하고, 한국에 들어와 이미지 컨설턴트라는 직업을 소개하고 있었습니다. 당시만 해도 한국에서는 생소한 개념이었지만, 주로 방송 관련 종사자나 메이크업, 패션 전공자들이 원하는 이미지를 컨설팅하고 만들어 주는 전문가라는 설명이 무척 흥미롭게 다가왔습니다.

이 일이라면 나도 할 수 있겠다!

책을 덮자마자 가슴이 뛰었고, 새로운 도전을 하고 싶다는 강한 확신이 들었습니다.

방송국을 떠나 이미지 컨설턴트의 길을 걷다

그렇게 저는 큰 결심을 하고, 안정적이었던 방송국을 떠나기로 했습니다. 이미지 컨설턴트가 되기 위해 관련 공부를 본격적으로 시작했지만, 그 당시에는 관련 전문가를 양성하는 기관이 없어서 스스로 길을 찾아야 했습니다.

우선, 화장품 회사에 들어가 일을 하며 퇴근 후 피부학과 퍼스널 컬러를 본격적으로 배우기 시작했습니다. 그리고 40대에 접어들 무렵, 의류 사업을 시작하면서 디자인 대학원에 진학해 패션 공부를 병행했습니다. 그러다 보니 자연스레 강의 제안이 들어오고, 결국 '이미지 메이킹'이라는 과목을 대학 강단에서 직접 가르치게 되었습니다. 결심 후 10년 만에 원하던 일을 하게 되었습니다.

처음에는 한 권의 책에서 시작된 관심이었지만, 결국 제 삶을 바꿔놓은 결정적인 계기가 되었습니다. 그리고 저는 지금도 여전히, 사람들이 원하는 이미지를 찾고 만들어가는 일을 하며 그 가치를 전하고 있습니다.

비주얼 컨설팅은 이론보다 실전이다

비주얼 컨설팅은 체계적인 이론도 중요하지만, 실전 경력이 더 필요한 직업입니다. 사람마다 생김새도, 원하는 이미지도 모두 다르기 때문에 수학 공식처럼 이론을 적용한다고 답이 딱 나오는 일이 아닙니다.

진짜 중요한 건 경험에서 나오는 안목입니다. 수많은 사람을 직접 만나고, 다양한 케이스를 경험해야만 점점 더 깊이 있는 컨설팅이 가능해집니다. 메이크업, 패션, 피부, 화장품, 체형 관리, 컬러, 매너, 심리학까지. 이미지를 다룬다는 것은 단순한 외형 변화를 넘어서 종합적인 접근이 필요합니다. 배워야 할 것도, 연구해야 할 것도 끝이 없습니다. 그래서일까요? 저는 지금도 새로운 사람을 만날 때마다 여전히 긴장됩니다. 사람을 변화시키는 일은 언제나 신중해야 하니까요.

비주얼 컨설턴트의 역할은 '기술'보다 '설득'이다

컨설팅을 할 때 처음부터 외적인 부분만 다루는 것은 실패로 가는 지름길입니다. 도입 단계에서 충분한 대화를 통해 그 사람의 라이프스타일을 이해하고, 원하는 이미지를 함께 만들어가야 합니다.

아무리 변화가 필요해 보여도, 지금까지 유지해 온 스타일을 단 한 번의 컨설팅으로 완전히 바꾸는 건 쉽지 않습니다. 게다가 첫 만남으로 한 사람을 완벽히 파악하기란 거의 불가능하죠. 사람마다 생김새도 다르지만 원하는 이미지도 각양각색입니다.

그동안 컨설팅과 강의를 하며 수많은 사람을 만나고, 그들의 이야기를 듣고, 공감하면서 저 자신도 성장할 수 있었습니다. 그리고 그 과정에서 끊임없이 저 자신에게 질문을 던졌습니다.

'외모가 정말 중요한 걸까?'

'외모의 변화가 사람의 삶을 얼마나 바꿀 수 있을까?'

그리고 그 질문에 대한 답은 언제나 같았습니다.

외모의 변화는 태도의 변화를 일으킨다

긍정적인 이미지 변화를 통해 타인의 인정을 받는 순간, 그건 단순한 스타일의 변화가 아니라 '자신감'이 되고, 결국 '자존감'으로 이어집니다.

이것이 바로 비주얼 컨설팅이 필요한 이유입니다.

그리고 저는 앞으로도 더 많은 사람이 자신만의 멋진 이미지를 찾고, 긍정적인 변화를 경험할 수 있도록 돕고 싶습니다.

정보 과잉 시대, 신뢰할 수 있는 정보를 선별하는 일

21세기를 살아가는 우리는 정보 과잉의 시대에 살고 있습니다.

미디어를 통해 하루에도 수많은 정보가 쏟아져 나오지만, 선택지가 너무 많아 오히려 '결정 장애'를 겪는 경우도 많습니다.

뷰티와 패션 시장은 시시각각 변화하며, 새로운 상품이 끊임없이 등장합니다.

특히 화장품은 성분, 색조, 용기, 형태까지 지속적으로 신상이 쏟아져 나오기 때문에 비전문가인 일반 소비자가 자신에게 맞는 제품을 고르는 일이 쉽지 않습니다. 광고만 보고 제품을 구매했다가 '나에게 맞지 않는 선택'을 하게 되는 경우도 많습니다.

그래서 저는 강의나 컨설팅을 위해 신제품을 꾸준히 연구하고, 필요한 제품은 직접 구매해 사용한 뒤 판단합니다. 가격, 품질, 디자인, 향 등을 종합적으로 고려해 대상에게 적합한 제품과 정보를 제공하는 것이 제 역할입니다.

컬러 트렌드를 파악하고 전달하다

특히 해마다 변하는 유행 색상은 미리 정보를 파악해야 합니다. 단순한 컬러 트렌드가 아니라, 그것이 패션과 뷰티에 어떻게 적용되는지를 분석하는 것이 중요합니다.

저는 이렇게 필요한 정보를 탐색하고 시각화하여, 좀 더 쉽게 전달하는 일을 합니다. 단순히 '트렌드가 이렇다'라고 말하는 것이 아니라, 어떻게 활용할 것인지를 구체적으로 알려주는 것이 핵심입니다.

이것이 바로 제가 하는 일이고, 할 수 있는 일입니다. 신뢰할 수 있는 정보로 사람들이 '현명한 선택'을 할 수 있도록 돕는 것. 그것이 비주얼 컨설턴트로서 가장 큰 가치라고 생각합니다.

'금상첨화', 능력에 어울리는 이미지를 더하라

'비단 위에 꽃을 더한다'는 뜻의 금상첨화錦上添花처럼,

이미지는 당신의 가치를 더욱 빛나게 만드는 요소입니다.

우리는 누군가를 처음 만났을 때, 그 사람의 말보다 이미지를 먼저 인식합니다.

어떤 사람의 내면이 훌륭한 데다 그 자신의 능력과 조화를 이루는 외적 이미지가 함께한다면 그야말로 '금상첨화'가 될 것입니다.

앞으로의 목표는,

'잘 꾸민 사람이 기회를 얻는다.'

이 메시지를 더 많은 사람에게 전하고, 교육과 책을 통해 도울 수 있으면 좋겠습니다.

"비주얼 컨설턴트라는 직업은 당신에게 어떤 의미일까요?"

누군가 저에게 이렇게 묻는다면, 저는 주저 없이 대답할 것입니다.

"이건 그냥 직업이 아니에요. 사람을 변화시키고, 그들의 삶을 더 나은 방향으로 이끄는 멋진 일이죠."

이 책은 외모 관리를 통해 자신의 능력을 최대한 효과적으로 표현할 수 있도록 방법을 제시합니다. 20대 사회 초년생부터 시니어까지 목차 순서에 상관없이 필요한 부분을 선택해 먼저 읽으셔도 좋습니다.

30년의 실전 경험과 이론을 토대로 쉽게 설명하려고 애썼지만 여전히 아쉬움이 남습니다.

딸에게 늘 조건 없는 무한 격려와 지지를 해주시는 나의 어머니와 아버지, 잔소리 한 번 하지 않고 바쁜 아내를 위해 역할을 대신해 주는 남편, 몸도 맘도 건강하게 잘 크고 있는 고2 나의 아들, 그리고 출간에 도움을 주신 나성원 대표님께 감사의 마음을 전합니다.

-비주얼 컨설턴트 장소진 올림-

CONTENTS

PART 2

외모 관리 기본기

PART 3

취업을 위한 외모 전략

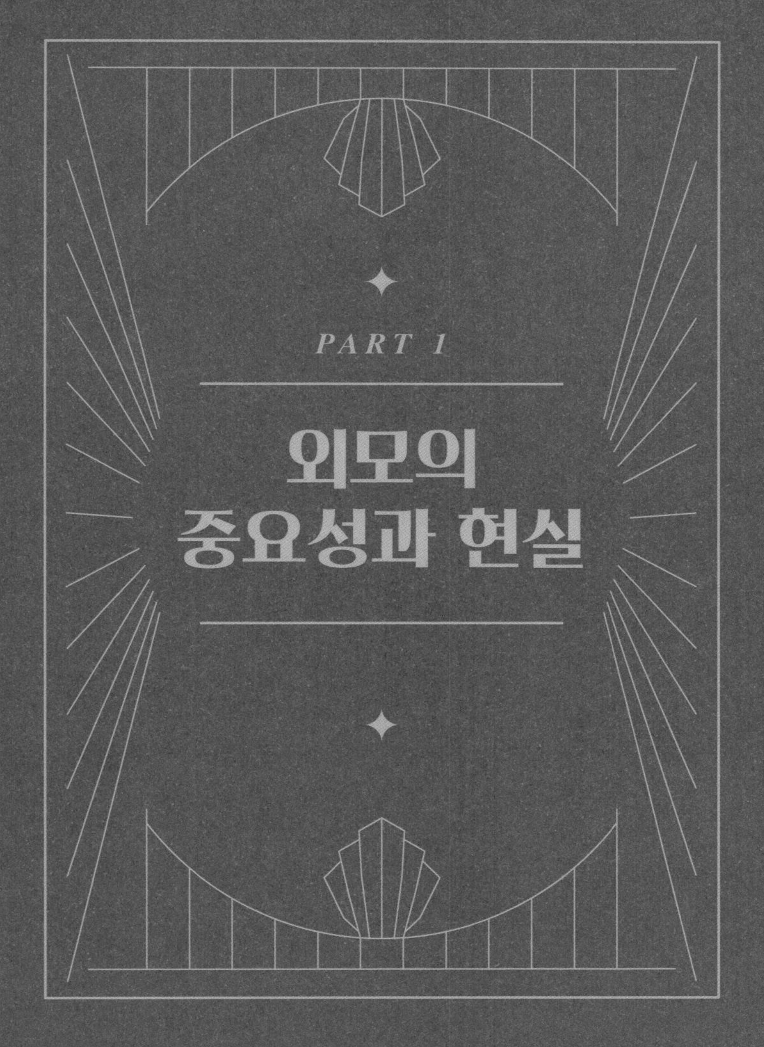

PART 1

외모의 중요성과 현실

외모가 실력이 되는 시대

혹시 외모 때문에 속상했던 경험 있나요?

지난 여름 '취업을 위한 호감 메이크업'이라는 주제로 00청년센터에서 5회 강좌를 진행했습니다. 그때 강의장에서 만난 A씨 이야기를 해볼게요. 취업을 원하는 27세의 여성이었습니다. 본인은 몇 차례 면접을 보았지만 실패했고, 계속 도전하고 있다고 하면서 "면접에서 떨어진 이유가 외모 때문일까요?"라고 고민을 털어놨습니다. 어느 회사에서는 면접관이 '안경 쓴 여직원은 안 뽑는다'는 이야기를 직접 했다고 합니다. 그런데 정말 안경 때문이었을까요?

전문가 입장에서 보면, 안경은 단순한 핑계일 가능성이 높습니다. 요즘 안경 쓴 사람이 어디 한둘인가요? 안경은 기능을 넘어 패션 아이템으로도 활용될 수 있습니다. 오히려 디자인이 좋은 안경 하나 잘 고르면 인상이 더 세련돼 보일 수도 있습니다. 그렇다면 문제는 무엇이었을까요?

저는 A씨에게 면접 당시의 모습 그대로 다시 보여달라고 부탁했습니다. 그리고 확인한 결과, 의상도 메이크업도 헤어스타일도 전혀 신경 쓰지 않았던 것이 문제였습니다. 한여름에 블랙 컬러의 무겁고 어두운 옷, 큰 집게 핀으로 고정한 올백 긴 생머리, 노 메이크업, 자연 그대로의 눈썹, 그리고 두꺼운 뿔테 안경까지….

여러분도 상상이 가시죠? 어떤 사람은 "이게 왜 문제야?"라고 반문할 수도 있습니다. 하지만 중요한 건 '성의가 없어 보인다'는 점입니다. 면접관은 지원자의 외모를 통해 준비 상태를 판단할 수밖에 없습니다. 결국 A씨는 모든 문제점을 인지하고 5회 교육을 마친 후 완전히 달라진 모습으로 나타났습니다. 퍼스널 컬러에 맞는 메이크업과 의상, 집게 핀 대신 살짝 컬이 들어간 반묶음 머리, 깔끔하게 정리된 눈썹, 뿔테 안경 대신 얇은 금속 테로 바꾸니 호감도가 상승했습니다. 함께했던 수강생들이 박수를 칠 정도였으니까요. 자신감도 향상되어 밝게 웃던 그녀의 모습이 아직도 눈에 선합니다.

우리는 누구나 첫인상을 통해 상대방을 평가합니다. 이 평가는 외모의 문제를 넘어, 그 사람의 능력, 성격, 사회적 태도를 판단하는 기준이 되기도 합니다. 이는 피상적인 평가가 아니라 인간의 본능적인 심리와 사회적 구조에서 비롯된 현상입니다.

왜 외모도 실력일까?

현대 사회에서는 외모가 곧 경쟁력이 되는 시대라고 합니다. 길을 걷다 보면 수많은 사람이 스쳐 지나가죠. 우리는 그들을 자세히 알지 못하지만, 단 몇 초 만에 외모만 보고 '이 사람은 신뢰가 가는가?' '전문성이 있어 보이는가?' '매력적인가?' 같은 판단을 내리게 됩니다. 이러한 첫인상은 단순한 느낌이 아니라 사회적, 심리적 영향을 미치는 중요한 요소입니다.

첫인상이 결정되는 데 걸리는 시간은 불과 3~7초라고 합니다. 이 짧은 순간에 사람들은 상대방의 신뢰도, 능력, 사회적 지위를 가늠합니다. 이는 '외모 평가'가 아니라 인간의 본능적인 판단 메커니즘입니다. 그렇다면 우리는 이 짧은 순간을 어떻게 활용해야 할까요?

과거에는 실력과 성품이 중요하다고 여겼고, 외모를 가꾸는 것은 '허영' 혹은 '부차적인 요소'로 취급하곤 했습니다. 하지만 현대 사회에서는 '보이는 것'이 '보이지 않는 것'을 결정하는 시대가 되었습니다.

외모는 이미지 전략이다

많은 사람이 '외모'라고 하면 얼굴의 생김새나 신체적 매력만을 떠올립니다. 하지만 이 책에서 말하는 '외모'는 잘생기고 예쁜 것만을 의미하지 않습니다. 오히려 '어떤 이미지를 전달하는가'가 핵심입니다.

정리된 헤어스타일과 깨끗한 피부는 단정한 인상을 만들어주고
적절한 패션과 색상 선택은 상대방에게 신뢰감을 주며
표정과 자세는 상대방이 나를 어떻게 인식하는지에 큰 영향을 미칩니다.

외모 관리란 '나를 효과적으로 표현하는 기술'이며, 이를 제대로 활용하는 것이 경쟁력이 됩니다. 잘 꾸민 사람은 더 능력 있어 보이고, 신뢰를 주며, 더 많은 기회를 얻습니다. 이것이 바로 '외모도 실력'인 이유입니다.

외모가 중요한 이유

심리학 연구에 따르면, 사람들은 외모가 뛰어난 사람을 더 신뢰하고 능력이 있다고 평가하는 경향이 있습니다. 이를 '외모 편향Beauty Bias'이라 부르는데, 외모가 좋은 사람이 직장에서 더 높은 평가를 받고 더 많은 기회를 얻는 경우가 많다는 뜻입니다. 또한, 외모는 자신감과 자기효능감에도 영향을 미칩니다. 외모에 대한 만족도가 높을수록 자신감이 상승하고, 이는 업무 성과와 대인관계에서도 긍정적인 결과로 이어질 수 있습니다.

현대 사회에서 외모는 단지 개인의 문제가 아니라 경제적 가치를 창출하는 요소로까지 확장되었습니다. 인플루언서, 모델, 배우처럼 외모를 직업적 자산으로 활용하는 직업군이 늘어났고, 이들은 외모를 통해 막대한 수익을 창출하고 있습니다. 또한, 기업들은 외모가 좋은 직원을 채용함으로써 브랜드 이미지를 높이고, 고객과의 접점에서 더 큰 효과를 얻고자 합니다.

매력도 자본이다

매력도 하나의 자본이 될 수 있다는 말, 들어본 적 있나요? 영국의 사회학자 캐서린 하킴은 그의 저서 『매력 자본』에서 21세기를 살아가기 위해 필요한 네 가지 자본을 이야기합니다. 첫 번째는 돈, 두 번째는 교육, 세 번째는 인간관계, 그리고 네 번째는 바로 '매력'이죠.

그렇다면 매력이란 단순히 잘생기고 예쁜 걸 의미할까요? 절대 아닙니다. 하킴은 매력을 구성하는 요소로 스타일, 건강한 몸, 사교술, 그리고 유머 감각을 꼽았습니다. 즉 외모뿐만 아니라 자신을 잘 표현하는 능력, 긍정적인 에너지까지 포함된다는 것입니다.

사실 매력은 단순한 장점이 아니라 우리가 더 많은 기회를 얻을 수 있도록 도와주는 강력한 무기입니다. 첫인상에서 호감을 사는 것은 물론이고, 인간관계를 형성하며, 직장이나 사회생활에서도 경쟁력을 높이는 데 큰 역할을 합니다.

매력은 경쟁력이다: 성공을 부르는 강력한 무기

요즘은 실력만 있다고 성공하는 시대가 아닙니다. 사람을 끌어당

기는 매력이야말로 강력한 무기입니다.

성공한 사람들을 떠올려 보세요. 그들에게는 실력 이상으로 뭔가 끌리는 요소가 있지 않나요? 바로 그게 매력이고, 이 매력이 기회를 만들어주는 것입니다.

매력은 타고나는 것이 아니라 충분히 개발할 수 있는 경쟁력입니다. 자신을 가꾸고 매력을 키우는 것은 개인의 성공뿐만 아니라 행복한 삶의 중요한 요소입니다.

생각해 보세요.

어떤 모임에 갔는데, 처음 만난 사람이 밝은 미소로 눈을 마주치며 따뜻하게 인사를 건넨다면? 그 사람에 대한 인상이 확 좋아질 겁니다. 반면, 뭔가 자신 없어 보이고 어색한 태도를 보인다면 기억에도 잘 남지 않겠죠.

비즈니스에서도 마찬가지입니다. 매력적인 사람은 자연스럽게 신뢰와 호감을 얻고, 중요한 기회를 더 많이 잡습니다. 협업도 잘되고, 네트워킹에서도 돋보이죠. 그리고 가장 중요한 건, 매력은 결국 자신감과 직결된다는 사실입니다. 자신감 있는 사람은 자연스럽게 영향력을 행사할 수 있습니다. 그럼, 매력은 어떻게 키울 수 있을까요?

매력을 키우는 전략

1. 자신만의 개성 찾기

똑같이 꾸미고 행동하는 사람보다, 자신만의 스타일과 개성이 뚜렷한 사람이 더 매력적이에요. 나만의 장점을 살리는 게 중요합니다.

2. 긍정적인 태도 유지

밝고 긍정적인 에너지는 주변 사람들에게 좋은 인상을 줍니다. 긍정적인 사람 곁에는 사람들이 자연스럽게 모이게 됩니다.

3. 자신감 있는 말투와 태도

말을 할 때 또박또박, 명확한 발음과 적절한 톤을 유지하는 게 중요합니다. 목소리 톤만 바꿔도 신뢰감을 줄 수 있습니다.

4. 외적인 관리와 스타일링

나에게 어울리는 패션, 헤어스타일, 메이크업을 신경 쓰는 것도 매력을 키우는 중요한 요소입니다.

5. 공감 능력과 소통 기술 향상

대화할 때 상대방의 감정을 이해하고 공감하는 태도를 보이면 관계가 훨씬 좋아집니다. 공감하는 사람은 어디서나 환영받습니다.

6. 건강한 라이프스타일 유지

운동하고, 건강한 식습관을 유지하면 자연스럽게 활력이 생겨납니다. 활기찬 사람에게는 긍정적인 에너지가 넘칩니다.

첫인상의 과학: 3초의 법칙

첫인상, 왜 이렇게 중요할까?

첫인상은 우리가 처음 만난 사람이나 사물에 대해 가지는 즉각적인 인상입니다. 누군가를 처음 만날 때, 우리는 단 몇 초 만에 상대방에 대한 판단을 내리게 됩니다. 바로 '3초의 법칙' 때문인데요. 이 법칙에 따르면, 사람들은 첫 3초 동안 상대방의 외모와 태도를 기반으로 기본적인 평가를 형성합니다.

심리학 연구에 따르면, 인간은 첫인상을 3~7초 내에 결정하며, 이때 외모가 55% 이상을 차지하고, 목소리가 38%, 그리고 언어가 7%의 영향을 미친다고 합니다. (앨버트 메라비언의 연구) 외모가 차지하는 비중이 절반 이상이니, 첫인상이 얼마나 중요한지 쉽게 알 수 있습니다. 그리고 이렇게 형성된 첫인상은 이후 관계에도 큰 영향을 미칩니다.

첫인상은 어떻게 만들어질까요?

뇌가 빠르게 판단하는 이유

우리의 뇌는 새로운 정보를 접하는 순간, 이전 경험과 기억을 바탕으로 즉각적인 결정을 내립니다. 이는 원시 시대부터 이어져 온 생존 본능에서 비롯된 것으로, 빠르게 상황을 분석하고 적응하는 능력 덕분입니다. 즉, 첫인상은 단순한 외모 평가가 아니라 상대방의 신뢰성, 친근함, 능력을 직관적으로 판단하는 과정이라고 볼 수 있습니다.

첫 3초 동안 뇌가 하는 일

첫 3초 동안 뇌는 상대방의 얼굴 표정, 목소리, 자세, 옷차림 등을 분석하여 초기 평가를 내립니다. 이 정보는 무의식적으로 처리되며, 한 번 형성된 첫인상은 이후 관계에서도 지속적인 영향을 미칠 수 있습니다.

첫인상을 좌우하는 핵심 요소

1. 외모와 스타일

옷차림, 헤어스타일, 메이크업 등은 첫인상에 가장 먼저 영향을 줍니다. 깔끔하고 세련된 스타일은 신뢰감을 주지만, 부적절한 복장은 부정적인 인상을 남길 수도 있습니다.

2. 표정과 미소

밝은 미소는 친근감과 긍정적인 에너지를 전달하는 강력한 도구입니다. 반면, 무표정하거나 부정적인 표정은 거리감을 형성할 수 있습니다.

3. 자세와 몸짓

자신감 있는 바른 자세는 전문가적인 인상을 줍니다. 반면, 구부정한 자세는 무기력한 느낌을 줍니다.

4. 목소리 톤과 말투

차분하고 명확한 목소리는 신뢰감을 높이고, 너무 빠르거나 불안한 목소리는 상대방을 긴장하게 만들 수 있습니다.

5. 시선과 아이 콘택트

적절한 눈맞춤은 상대방과의 연결감을 강화합니다. 하지만 시선을 피하거나 지나치게 응시하는 것은 불편함을 줄 수 있습니다.

외모와 성공의 관계

외모가 성공에 어떤 영향을 줄까?

한 연구에 따르면, 단정하고 세련된 외모를 가진 사람이 그렇지 않은 사람보다 연봉이 10~15% 더 높을 가능성이 크다고 합니다(하버드 경제학 연구).

특히 서비스업, 영업, 리더십이 중요한 직업군에서는 외모가 중요한 경쟁력으로 작용합니다.

심리학에 '후광 효과Halo Effect'라고 하는 용어가 있습니다. 우리는 깔끔하고 정돈된 사람을 보면 신뢰가 가고, 자연스럽게 호감을 느낍니다. 물론 외모가 전부는 아니지만, 사람들과의 첫 만남에서 긍정적인 인상을 주는 건 분명히 도움이 됩니다.

첫인상이 좋은 사람에게는 자연스럽게 호감을 더 느끼고, 부정적인 첫인상을 받으면 관계를 다시 맺기가 어렵습니다. 깔끔한 스타일과 자연스러운 미소만으로도 첫인상을 훨씬 좋게 만들 수 있습니다.

외모가 주는 자신감과 영향력

외모를 가꾸는 과정은 단순히 다른 사람에게 잘 보이기 위해서가 아닙니다. 자신을 돌보고 가꿀 때 자신감도 함께 올라갑니다. 거울 속의 내가 만족스러울 때, 자연스럽게 행동도 더 당당해지고 말투도 밝아지는 걸 느낄 수 있습니다.

그럼, 외모가 자신감에 어떤 영향을 미칠까요? 실제 사례를 들어 보겠습니다.

사례 1: 면접에서 자신감을 얻은 B 씨

B씨는 취업 준비를 하면서 면접을 볼 때마다 위축되는 기분을 느꼈습니다. 준비한 답변을 말하면서도 면접관의 반응은 썩 좋지 않았죠. 그런데 면접을 앞두고 전문가에게 외모 컨설팅을 받고, 헤어스타일을 다듬고, TPO에 맞는 옷을 입었더니 결과가 달라졌습니다. 더 당당해지고, 말하는 태도도 자연스러워졌다고 합니다. 결국 B씨는 원하는 회사에 합격했죠. 면접관들은 "자신감 있는 태도가 인상적이었다."라고 평가했습니다.

사례 2: 고객 미팅에서 성공한 K씨

K씨는 영업직에서 일하고 있는데, 한때 고객을 만나는 게 부담스러웠습니다. 그런데 스타일링을 바꾸고 나서부터 분위기가 달라졌습니다. 깨끗하고 세련된 이미지 덕분에 첫인상이 좋아졌고, 고객과의 신뢰가 훨씬 더 빠르게 형성됐죠. 작은 변화였지만, 자신감이 붙으면서 매출 성과도 눈에 띄게 향상됐습니다.

외모가 직업적 성공에 어떻게 연결될까?

취업과 면접에서 영향

한 조사에 따르면, 면접관이 지원자를 평가하는 데 걸리는 시간은 단 몇 초라고 합니다. 하지만 지원자에게 최대한 예의를 지키기 위해 면접을 더 길게 진행한다고 합니다. 즉, 면접자의 첫인상이 이미 면접 초반에 큰 영향을 미친다는 것이죠.

취업을 준비할 때 '내 실력만 좋으면 되지!'라고 생각할 수도 있지만, 면접에서는 외적인 부분도 중요한 역할을 합니다. 같은 능력을 가진 두 지원자가 있다면, 면접관은 더 단정하고 자신감 있어 보이는 사람에게 점수를 더 줄 가능성이 높습니다. 옷차림과 헤어스타일을 정돈하는 것만으로도 신뢰를 얻는 데 큰 도움이 될 수 있습니다.

리더의 이미지

리더십을 발휘해야 하는 자리에서는 외모 관리가 더욱 중요합니다. 깔끔하고 세련된 이미지를 가진 사람은 자연스럽게 신뢰를 얻고, 조직 내에서 영향력을 키우는 데 도움이 됩니다. 특히, 좋은 첫인상을 남긴다면 사람들이 의견을 더 경청하게 되고, 관계를 맺기도 쉬워집니다.

고객과의 신뢰 형성

서비스업이나 영업직처럼 사람을 자주 만나는 직업이라면, 외모가 고객과의 관계 형성에도 영향을 줍니다. 단정하고 밝은 인상을 주는 사람에게는 자연스럽게 신뢰가 가고, 다시 찾고 싶은 마음이 생깁니다. 첫인상이 좋은 사람과의 거래는 왠지 더 안전하다고 느껴집니다.

외모 브랜딩

오늘날 외모는 개인의 성공과 직결되는 중요한 요소가 되었습니다. 특히, SNS와 미디어가 발달한 현대 사회에서는 외모가 곧 개인의 브랜드가 되며, 이를 통해 기회를 창출하고 사회적 영향력을 확장할 수 있는 시대가 되었습니다.

외모 브랜딩이란?

혹시 '브랜딩' 하면 뭐가 떠오르세요? 보통 제품이나 서비스를 홍보하는 마케팅을 생각하기 쉬운데요. 사실 브랜딩은 특정 이미지와 가치를 만들어 사람들이 나를 어떻게 인식하는지 결정하는 과정입니다.

그리고 요즘 시대에는 외모도 중요한 브랜딩 요소가 되었습니다. 잘 꾸미고 멋있어 보이는 걸 넘어서, 나만의 개성과 이미지를 제대로 표현하는 것이 핵심입니다. 이것을 '외모 브랜딩Personal Appearance Branding'이라고 합니다. 결국 우리는 외모를 통해 메시지를 전달하고, 첫인상을 남기는 중요한 수단으로 외모를 활용하고 있습니다.

외모 브랜딩이 중요한 이유

직장이나 비즈니스 자리에서는 신뢰감과 전문성을 주는 게 필수인데, 외모 브랜딩이 바로 그 역할을 해줍니다.

깔끔한 스타일, 자신감 넘치는 태도, 분위기에 맞는 색상 조합까지! 이런 요소들이 모이면 '이 사람 뭔가 믿음직스러워 보인다'라는 느낌을 줄 수 있습니다. 한번은 오전 9시 반쯤 강의하러 가면서 시간이 남아 커피 한잔 테이크아웃 하려고 유명 프렌차이즈 빵집에 들렀습니다. 사장이 직원과 분주하게 오픈을 준비하고 있었는데, 저는 주문을 하면서 깜짝 놀랐습니다. 사장님이 남자분이셨는데 머리를 안 감았는지 지저분해 보이는 헤어스타일과 몇 주간 자라난 긴 손톱이 저의 눈에 들어왔습니다. 다른 업종도 아니고 음식을 다루는 일인데 자기 자신도 관리 못하면서 업장의 위생은 과연 어떨까. 갑자기 식욕이 뚝 떨어졌습니다. 저는 그냥 다음에 오겠다고 나와 버렸습니다. 사정이야 어찌 되었든 아마도 저는 그 가게에 다시는 안 갈 것입니다. 커피숍은 주변에 많으니까요. 외모를 관리한다는 것이 매출과 직결되는 문제라는 것을 그 사장님은 모르셨나 봅니다.

효과적인 외모 브랜딩 전략

1. 나에게 딱 맞는 컬러와 스타일 찾기

내 피부 톤에 어울리는 색상이 뭔지 알고 있나요? 그리고 내 체형과 개성에 맞는 스타일은? 이걸 제대로 아는 게 외모 브랜딩의 첫걸음입니다.

2. TPO(Time, Place, Occasion)에 맞게 스타일 연출하기

장소와 상황에 맞는 옷차림은 신뢰감을 주고, '이 사람 센스 있다'는 인상을 심어줄 수 있어요. 면접이든 데이트든 모임이든 상황에 따라 스타일을 달리하는 센스가 필요합니다.

3. 자신감 있는 태도와 표정 연습하기

아무리 옷을 멋지게 입어도 표정이 굳어 있거나 태도가 위축되어 있으면 소용없어요. 밝은 표정, 자연스러운 미소 그리고 당당한 자세는 외모를 더 빛나게 해주는 필수 요소입니다.

4. 일관된 이미지 유지하기

한 번 멋있게 꾸미는 것보다 중요한 건 '일관성'입니다. 옷, 헤어스타일, 메이크업까지 전체적인 조화를 이루면서 나만의 스타일을 꾸준히 유지하는 게 중요합니다.

외모에 대한 편견과 진실

우리는 종종 '외모가 전부가 아니다'라는 말을 듣곤 하지만, 현실에서는 외모가 다양한 방식으로 평가받는 게 사실입니다. 외모가 능력보다 더 중요하게 여겨지는 경우도 있고, 반대로 '외모를 꾸미는 사람은 가벼운 사람'이라는 편견도 존재합니다. 그렇다면 외모에 대한 이런 편견과 진실을 한번 살펴볼까요?

편견 1: 외모가 좋으면 무조건 성공한다?

많은 사람이 외모가 뛰어난 사람은 더 많은 기회를 얻는다고 생각합니다. 물론 첫인상이 중요한 역할을 하긴 하지만, 성공의 핵심은 결국 실력과 태도에 달려 있습니다. 외모는 기회를 만들어주는 요소일 수 있지만, 그 기회를 유지하고 발전시키는 건 개인의 역량입니다.

편견 2: 외모를 신경 쓰는 사람은 허영심이 많다?

자신을 가꾸는 것이 꼭 허영이라고 볼 수 있을까요? 외모를 관리하는 것은 자기애와 자기관리의 표현입니다. 단정한 옷차림, 깨끗한 피부, 자신감 있는 태도는 자신을 존중하는 방식 중 하나죠. 이는 다른 사람들에게도 긍정적인 인상을 주고, 신뢰감을 높이는 요소가 될 수 있습니다.

편견 3: 외모가 뛰어나면 모든 것이 쉬워진다?

외모가 뛰어나면 더 많은 관심을 받을 수는 있지만, 그만큼 높은 기대와 편견도 따릅니다. '외모만 좋다'라는 인식 때문에 실력을 입증해야 하는 부담이 더 커질 수도 있습니다. 결국 중요한 것은 외모와 함께 실력과 태도를 갖추는 것이랍니다.

진실 1: 외모는 자기표현의 한 방식이다

외모는 내가 어떤 사람인지 보여주는 하나의 언어입니다. 옷차림, 헤어스타일, 표정 하나하나가 상대방에게 메시지를 전합니다. 그렇기 때문에 외모를 가꾸는 것은 나를 더 잘 표현하는 방법이 될 수 있습니다.

진실 2: 외모는 자존감과도 연결된다

외모를 가꾸는 과정은 단순히 남에게 잘 보이기 위해서가 아니라, 자신을 돌보는 습관과도 연결됩니다. 깔끔한 스타일을 유지하고 자신에게 어울리는 룩을 찾는 과정에서 자존감이 높아질 수 있습니다.

진실 3: 외모는 사회적 관계에 영향을 준다

첫인상은 상대방과의 관계 형성에 중요한 역할을 합니다. 꼭 뛰어난 미모가 아니라도, 깔끔하고 세련된 스타일은 상대방에게 신뢰감을 주고 긍정적인 관계를 만들어갈 수 있도록 도와줍니다.

외모 지상주의 vs 실력주의

우리는 '외모보다 실력이 중요하다'고 배우지만, 현실에서는 외모가 실력 못지않게 큰 영향을 미친다는 걸 종종 경험하게 됩니다. 취업, 대인관계, 연애 등 다양한 상황에서 외모가 평가의 기준이 되곤 합니다.

외모 지상주의: 외모가 모든 걸 결정한다?

외모 지상주의는 사람의 가치나 능력을 외모로 판단하는 사회적 경향을 뜻합니다. '예쁜 사람이 더 대우받는다', '잘생기면 기회가 많다'는 말들이 이런 인식을 반영합니다. 사실, 외모가 좋은 사람이 더 호감을 얻고, 심지어 직장에서도 신뢰를 더 받는다는 연구 결과도 있습니다.

하지만 외모 지상주의가 지나치면 부작용도 커집니다. 내면보다 겉모습이 더 중요하게 여겨지면서 외모에 대한 강박관념이 생기고, 외모가 뛰어나지 않다는 이유로 능력이 과소평가 되는 경우도 생깁니다. 또한, 외모를 바탕으로 편견이 생길 수도 있습니다. 예를 들어, '잘생긴 사람은 성격이 좋을 것 같다'거나 '외모에 신경 쓰는 사람은 가볍다'는 식의 고정관념이 생길 수 있습니다.

실력주의: 외모가 아니라 능력이 더 중요하다!

반면, 실력주의는 외모가 아니라 능력과 노력에 따라 평가받아야 한다는 원칙입니다. 직장에서는 실력이 뛰어난 사람이 인정받고, 사회에서도 개성과 재능이 더욱 중요한 요소가 되어야 한다는 것입니다. 성공한 많은 사람을 보면, 외모보다는 실력과 성취가 중요한 역할을 하는 경우가 많습니다.

하지만 현실적으로는 실력만으로 평가받기 어려운 경우도 많습니다. 같은 능력을 가진 두 사람이 있을 때, 외모가 단정한 사람이 더 좋은 인상을 주고 더 많은 기회를 얻는 경우가 많거든요. 결국 실력이 가장 중요하긴 하지만 외모 역시 보완적인 요소로 작용할 수밖에 없는 것입니다.

외모와 실력, 균형이 필요하다

그렇다면 외모와 실력 중 무엇이 더 중요할까요? 사실 이 둘은 대립하는 개념이 아니라, 균형을 이루는 것이 중요합니다. 실력이 바탕이 되어야 하지만, 외모도 첫인상과 신뢰를 형성하는 데 중요한 역할을 합니다.

- **외모는 자기표현의 도구** 단순히 꾸미는 것이 아니라 자신을 표현하는 수단으로 활용할 수 있습니다. 세련된 스타일, 깔끔한 인상은 자신감과 신뢰감을 주는 데 큰 역할을 합니다.
- **실력은 본질적인 경쟁력** 외모가 첫인상을 결정한다면, 실력은 지속적인 성공을 결정합니다. 결국 실력이 있어야 외모로 얻은 기회를 제대로 활용할 수 있습니다.
- **균형 잡힌 자기관리** 외모와 실력을 함께 관리하는 것이 가장 좋은 전략입니다. 자신만의 개성과 스타일을 살리면서도, 실력을 갈고 닦아야 합니다.

성형과 외모

외모는 현대 사회에서 많은 사람에게 중요한 주제입니다. 외모는 개인의 첫인상을 결정짓는 요소 중 하나로, 사회적 상호작용에서 큰 영향을 미칩니다. 이러한 이유로 많은 사람이 외모를 개선하기 위해 성형 수술을 선택하게 됩니다.

성형 수술은 다양한 형태로 이루어질 수 있으며, 얼굴, 몸, 피부 등 여러 부위에 적용됩니다. 일부 사람들은 자신감을 높이기 위해 또는 사회적 기준에 부합하기 위해 성형을 선택합니다. 특히, 연예인이나 유명 인사들이 성형을 통해 변화를 주는 모습을 보면서 일반인들도 성형에 관심을 가지게 되는 경우가 많습니다.

하지만 성형 수술에는 긍정적인 면뿐만 아니라 부정적인 면도 존재합니다. 성형을 통해 외모가 개선되면 자신감이 상승할 수 있지만, 지나치게 외모에 집착하게 되면 심리적인 문제를 초래할 수 있습니다. 또한, 성형 수술이 성공적이지 않을 수 있으며, 부작용이나 후유증이 발생할 위험도 있습니다.

결국, 외모는 개인의 가치와 자아를 형성하는 중요한 요소이지만, 그것이 전부는 아닙니다. 내면의 아름다움, 즉 성격, 가치관, 태도 등도 외모 못지않게 중요합니다. 성형을 고려하는 사람들은 외모 개선뿐만 아니라 자신을 사랑하고 받아들이는 과정도 함께 생각해야 할 것입니다. 외모에 대한 사회적 압박이 존재하는 만큼 자신만의 아름다움을 찾고, 건강한 자아상을 형성하는 것이 중요합니다.

성형 수술의 발전과 사회적 인식

과거에는 성형 수술이 주로 연예인이나 유명 인사들만의 전유물로 여겨졌으나, 현재는 일반인 사이에서도 널리 퍼져 있습니다. 기술의 발전과 함께 성형 수술의 안전성이 높아지고, 다양한 시술이 등장하면서 많은 사람이 성형을 선택하게 되었습니다. 특히, SNS와 같은 플랫폼의 발달로 인해 외모에 관심이 더욱 커졌고, '인스타그램 얼굴'과 같은 특정한 미의 기준이 생겨났습니다. 이러한 기준은 많은 사람에게 성형 수술을 통해 그 기준에 부합하고자 하는 압박감을 주기도 합니다.

성형 수술의 긍정적 측면

성형 수술의 가장 큰 장점 중 하나는 개인의 자존감을 높일 수 있다는 점입니다. 외모에 대한 콤플렉스를 가지고 있던 사람들이 성형 수술을 통해 자신감을 얻고, 사회적 활동에 더 적극적으로 참여하게 되는 경우가 많습니다. 또한, 성형 수술은 외모 개선뿐만 아니라, 사고나 질병으로 인한 신체적 결함을 보완하는 데에도 중요한 역할을 합니다. 이러한 점에서 성형 수술은 미적 추구를 넘어, 개인의 삶의 질을 높이는 긍정적인 효과를 가져올 수 있습니다.

성형 수술의 부정적 측면

성형 수술에는 부정적인 측면도 존재합니다. 우선, 성형 수술에 대한 지나친 집착은 개인의 정신적 건강에 악영향을 미칠 수 있습니다. 외모에 대한 불만족이 성형 수술로 해결되지 않을 경우, 이는 반복적인 수술로 이어질 수 있으며, 결국 심리적 고통을 가져옵니다. 또한, 성형 수술이 미의 기준을 더욱 좁히고, 사회적 압박을 가중할 수 있다는 점도 우려됩니다. '완벽한 외모'에 대한 강박은 사람들로 하여금 자신의 자연스러운 모습에 불만족을 느끼게 하고, 이는 사회 전반에 걸쳐 외모 지상주의를 강화하는 결과를 초래할 수 있습니다.

성형 부작용의 문제점

• 신체적 부작용

수술 후 감염, 출혈, 흉터, 비대칭 등의 신체적 문제가 발생할 수 있습니다. 또한, 마취로 인한 합병증도 우려됩니다.

• 정신적 영향

성형 수술 후 기대와 다른 결과가 나올 경우 우울증, 불안감, 자존감 저하, 대인기피 등의 정신적 문제가 발생할 수 있습니다.

• 장기적인 결과

시간이 지나면서 성형 수술의 결과가 변할 수 있으며, 이는 추가적인 수술이나 치료를 필요로 할 수 있습니다.

• 사회적 압박

성형 수술이 일반화되면서 외모에 대한 사회적 압박이 증가할 수 있으며, 이는 개인의 심리적 부담을 증가시킬 수 있습니다.

• 비용 문제

미용 목적의 성형 수술은 대부분 비급여로 고비용이며, 부작용으로 인해 추가적인 치료가 필요할 경우 경제적 부담이 커질 수 있습니다.

이러한 문제점들을 고려할 때, 성형 수술을 결정하기 전에 충분한 정보와 상담이 필요합니다. 적어도 세 군데 이상에서 전문의의 상담을 받고 결정하길 바랍니다(전문의 아닌 곳도 많음).

PART 2

외모 관리 기본기

스킨 케어:
피부가 좋으면 반은 먹고 들어간다

피부가 좋으면 반은 먹고 들어간다? 건강한 피부는 왜 부러울까?

깨끗하고 건강한 피부는 첫인상을 좌우하며, 직장 생활이나 사회적 관계에서 신뢰감을 주는 데 큰 역할을 합니다. 특히, 면접이나 비즈니스 미팅에서 피부가 단정하고 밝아 보이면 자신감 있는 인상을 줄 수 있습니다. 피부가 좋다는 것은 그만큼 신체도 건강해 보인다는 것입니다. 한의학에서는 피부의 찰색(안색)으로 건강 상태를 진단하기도 하지요. 또한, 피부는 외부 환경에 가장 많이 노출되는 신체 기관이라 꾸준한 관리가 필요합니다. 제대로 관리하지 않으면 조기 노화, 트러블, 탄력 저하 같은 문제가 생길 수 있기 때문에, 평소 습관을 통해 건강한 피부를 유지하는 것이 중요합니다.

겹겹이 쌓인 피부의 비밀: 피부의 구조

피부는 인체에서 가장 큰 장기로, 여러 가지 중요한 구조와 기능을 가지고 있습니다. 크게 세 가지 주요 층으로 나뉘며, 각각 고유한 역할을 수행합니다.

- **표피**Epidermis

- 피부의 가장 바깥층으로 주로 각질세포로 구성
- 외부 환경으로부터 신체를 보호하고 수분 손실을 방지하는 역할
- 멜라닌 세포가 있어 피부 색소를 형성하며 자외선으로부터 보호

하는 기능

• **진피**Dermis

- 표피 아래 위치하며 결합조직으로 구성
- 혈관, 신경, 모낭, 땀샘 피지선 등이 포함되어 피부의 감각과 온도 조절을 담당
- 콜라겐과 엘라스틴 섬유가 있어 피부의 탄력성과 강도를 유지하는 역할

• **피하조직**Hypodermis

- 진피 아래에 위치하며 지방세포와 결합조직으로 이루어져 있음
- 체온을 조절하고 에너지를 저장하며, 외부 충격으로부터 신체를 보호하는 역할

피부가 하는 일

피부는 단지 몸을 감싸는 역할만 하는 것이 아니라, 다양한 기능을 통해 건강을 유지하는 데 중요한 역할을 합니다.

• **보호 기능**

- 외부의 물리적, 화학적 자극으로부터 신체를 보호하는 방어막 역할

- 자외선, 박테리아, 바이러스 등의 유해 요소로부터 신체를 보호

• **감각 기능**

- 피부에 있는 다양한 감각 수용체가 촉각, 압력, 온도, 통증 등을 감지
- 신경 말단이 분포하여 외부 환경을 감지하고, 신체가 적절하게 반응하도록 도움

• **온도 조절**

- 땀샘을 통해 체온을 조절하며, 혈관의 수축과 확장을 통해 열을 조절
- 추울 때는 피부의 혈관이 수축하여 열을 보존하고, 더울 때는 혈관이 확장되어 열을 방출

• **면역 기능**

- 면역 세포를 포함하고 있어 외부 병원체를 막는 방어 역할
- 피부 장벽이 손상되면 감염 위험이 증가할 수 있으므로 건강한 피부를 유지하는 것이 중요

• **비타민 D 합성**

- 피부는 자외선에 노출되면 비타민 D를 합성하여 칼슘과 인의 대사에 중요한 역할
- 비타민 D는 뼈 건강을 유지하는 데 필수적이므로, 적절한 햇빛 노출이 필요

피부 관리가 필요한 절대적 이유

피부 건강 유지

피부는 우리 몸에서 가장 큰 장기로, 외부 환경으로부터 보호하는 중요한 역할을 합니다. 올바른 관리를 통해 피부를 건강하게 유지할 수 있습니다.

• **피부 질환 예방**

- 적절한 스킨 케어는 여드름, 습진, 건선과 같은 피부 질환을 예방하는 데 도움
- 정기적인 세안과 보습을 통해 피부의 자연 방어력을 강화할 수 있음

• **노화 방지**

- 자외선, 환경 오염, 스트레스는 피부 노화를 촉진

- 항산화 성분이 포함된 제품과 자외선 차단제를 사용하면 피부 탄력을 유지하고 주름 생성을 예방할 수 있음

• 수분 유지

- 충분한 수분을 유지하면 피부가 건강하고 빛나는 상태를 유지할 수 있음
- 보습제를 사용해 피부 장벽을 강화하고 수분 손실을 방지하는 것이 중요
- 과하게 때를 밀거나 각질을 제거하는 것은 피부 건조를 유발하므로 해서는 안 됨

정신적 웰빙과 자신감 향상

• 자신감 향상

- 깨끗하고 건강한 피부는 긍정적인 인상을 주고, 사회적 상호작용에서 자신감을 높이는 데 도움을 줌. 반면에 피부 문제가 있으면 불안감이나 스트레스를 느낌

• 자존감 증가

- 외모에 대한 만족감은 자존감과 깊이 연결되므로 꾸준한 스킨 케어를 통해 피부 상태를 개선하면, 자신을 긍정적으로 바라보는

태도를 기를 수 있음

환경적 요인으로부터 보호

피부는 외부 환경의 영향을 크게 받으므로, 이를 보호하는 것이 매우 중요합니다.

• 자외선 차단

- 자외선은 피부 노화와 색소 침착의 주요 원인이 되므로 SPF가 포함된 자외선 차단제를 매일 사용하고, 햇볕이 강한 시간대에는 외출을 피하는 것이 좋음

• 오염물질 제거

- 대기 오염물질은 피부 염증과 조기 노화를 유발할 수 있음
- 외출 후에는 세안과 클렌징을 철저히 해 피부에 쌓인 오염물질을 제거해야 함

• 스트레스 관리

- 스트레스는 피부 트러블을 악화시킬 수 있음
- 규칙적인 운동, 충분한 수면, 명상 등을 통해 스트레스를 관리하는 것이 피부 건강에 도움이 됨

피부 타입에 따른 맞춤형 스킨 케어

피부 관리의 기본 원칙

화장품은 보습과 청결을 위한 보조적 도구입니다. 의학적 치료제가 아니므로 너무 큰 효과를 기대하며 값비싼 화장품을 무턱대고 사용하기보다는 피부 타입에 맞게 필요한 것만 선별해서 사용하고, 올바른 습관으로 꾸준히 실천할 것을 당부합니다.

클렌징(세안) - 깨끗한 피부의 시작

클렌징은 피부 건강의 가장 기본적인 단계입니다. 피부에 남아 있는 노폐물과 먼지를 깨끗하게 제거하지 않으면 모공이 막히고 트러블이 생길 수 있습니다.

- 아침에는 밤사이 쌓인 유분과 노폐물을 가볍게 씻어냄
- 저녁에는 메이크업과 하루 동안 피부에 쌓인 먼지를 꼼꼼히 제거하는 것이 중요
- 너무 뜨거운 물은 피부를 건조하게 만들 수 있으니 미온수로 여러 번 헹궈 냄

‖ 제품 추천 ‖

- **지성 피부** 가벼운 젤 타입

- **건성 피부** 크림 타입으로 보습력 강화

- **복합성 피부** T존은 가벼운 제품, U존은 보습력 있는 제품 사용

보습 - 피부 수분 유지의 핵심

피부가 건조하면 탄력이 떨어지고 주름이 생길 가능성이 높아집니다. 피부 타입에 맞게 적절한 보습을 해주는 것이 필수입니다.

- 세안 후 피부가 건조해지기 전에 즉시 보습제를 바름
- 지성 피부는 가벼운 수분 크림을, 건성 피부는 더 촉촉한 크림을 선택
- 물을 충분히 마시는 것도 피부 보습에 도움이 됨

※ 모이스처라이저의 중요성: 피부의 수분을 유지하고, 외부 자극으로부터 보호

‖ 제품 추천 ‖

- **지성 피부** 가벼운 젤 타입

- **건성 피부** 크림 타입으로 보습력 강화

- **복합성 피부** T존은 가벼운 제품, U존은 보습력 있는 제품 사용

자외선 차단 - 피부 노화 예방의 필수 단계

자외선은 피부 노화의 주요 원인 중 하나입니다. 피부 탄력을 떨어뜨리고 기미나 주근깨 같은 색소 침착을 유발할 수 있습니다.

- 외출 전에는 SPF 30 이상 PA++ 이상 자외선 차단제 사용
- 장시간 외출 시에는 2~3시간마다 덧발라 피부를 보호
- 자외선 강한 날은 물리적 차단 도구 사용(선글라스, 모자, 긴팔)
- 피부 타입에 맞는 제형(예: 지성 피부는 오일-프리, 건성 피부는 보습 성분 포함)

피부 타입별 맞춤 관리법

모든 피부가 같은 관리법을 필요로 하는 것은 아닙니다. 자신의 피부 타입을 알고 그에 맞는 관리를 해야 효과가 더 좋습니다.

지성 피부 - 유분 조절이 중요

- 강한 클렌징보다는 부드럽게 세안
- 유분 조절 기능이 있는 가벼운 로션이나 젤 타입 보습제를 사용
- 기름진 음식 섭취를 줄이면 피지 분비 조절에 도움

‖ 루틴 ‖

클렌징 ⇨ 토너 ⇨ 세럼(유분 조절 성분) ⇨ 모이스처라이저(가벼운 젤) ⇨ 선크림

‖ 제품 추천 ‖

살리실산, 티트리 오일 성분 포함 제품

건성 피부 - 수분과 영양 공급이 필수

- 크림 타입의 보습제를 사용해 피부에 충분한 수분을 공급
- 너무 잦은 세안을 피하고, 피부 보호막을 유지할 수 있도록 순한 세안제를 선택
- 실내 습도를 조절하면 피부 건조를 예방하는 데 도움

‖ 루틴 ‖

클렌징 ⇨ 토너(수분감 있는) ⇨ 세럼/히알루론산 ⇨ 모이스처라이저(리치한 크림) ⇨ 선크림

‖ 제품 추천 ‖

세라마이드, 글리세린 성분 포함 제품

복합성 피부 - 부위별로 맞춤 관리가 필요

- T존(이마, 코)은 유분이 많으므로 가볍게 관리하고, U존(볼, 턱)은 촉촉하게 보습
- 부위별로 맞는 제품을 사용하면 더 효과적

‖ 루틴 ‖

클렌징 ⇨ 토너 ⇨ 세럼(균형 잡힌 성분) ⇨ 모이스처라이저(부분별로 다르게) ⇨ 선크림

‖ 제품 추천 ‖

수분과 유분을 동시에 잡는 제품

민감성 피부 - 자극을 줄이는 것이 중요

- 성분이 순한 제품을 선택하고, 향료와 알코올이 포함된 제품은 피하는 것이 좋음
- 새로운 제품을 사용할 때는 반드시 피부 테스트를 먼저 해보는 것이 중요

‖ 루틴 ‖

클렌징(저자극) ⇨ 토너(무알콜) ⇨ 세럼(진정 성분) ⇨ 모이스처라이저(부드러운) ⇨ 선크림(민감성용)

‖ 제품 추천 ‖

알로에 베라, 카모마일 성분 포함 제품

SERUM

화장품 성분 알고 쓰자

주요 스킨 케어 제품의 성분

스킨 케어 제품을 선택할 때는 성분을 잘 이해하는 것이 중요합니다. 주로 액상형이 많으므로 장기간 보존을 위해 여러 가지 첨가제가 필수적으로 들어갑니다. 피부 체질에 따라 민감하게 반응하는 성분은 주의해야 합니다. 최근에는 화장품 성분을 의무적으로 표기하고 있고, 성분의 유해성도 체크해 볼 수 있는 전문 앱도 있어 도움을 받을 수 있습니다. 여성 환경 연대 추천 도서『대한민국 화장품의 비밀』(구희연,이은주 저)에서는 많이 바를수록 노화를 일으키는 성분에 대해 구체적으로 언급하고 있습니다.

피부에 좋은 성분

- **히알루론산**Hyaluronic Acid

- 피부의 수분을 유지하는 데 중요한 역할
- 1g의 히알루론산은 약 6리터의 수분을 저장할 수 있어 피부를 촉촉하고 탄력 있게 유지하는 데 도움

‖ 사용법 ‖

세안 후 토너나 에센스 단계에서 사용하면 좋으며, 보습 크림과 함께 사용하면 더욱 효과적

- **비타민 C**Vitamin C

- 강력한 항산화제로 피부 밝기를 개선하고 색소 침착을 줄이며, 콜라겐 생성을 촉진
- 피부의 염증을 완화하는 효과

‖ 사용법 ‖

아침 세안 후 토너 다음 단계에서 사용하고, 자외선 차단제와 함께 사용하면 더욱 효과적. 산화되기 쉬우므로 밀폐된 용기에 보관

- **레티놀**Retinol

- 피부 세포 재생을 촉진하며, 주름과 잔주름을 줄이는 데 효과적
- 여드름 개선에도 도움

‖ 사용법 ‖

저녁 세안 후 토너 단계에서 소량을 사용. 처음 사용할 때는 주 1-2회로 시작하고, 피부가 적응하면 사용 빈도를 늘리는 것이 좋음. 사용 후에는 반드시 자외선 차단제 사용.

피해야 할 성분

- **파라벤**Parabens

- 방부제로 널리 사용되지만, 호르몬 교란의 가능성이 있어 장기간 사용 시 피부 자극이나 알레르기를 유발할 수 있습니다.

- **황산염**Sulfates

- 강한 세정력으로 피부의 자연 유분을 제거하여 건조함과 자극을 유발. 특히 민감한 피부라면 피하는 것이 좋습니다.

- **인공 향료**Synthetic Fragrances

- 피부 자극이나 알레르기를 유발할 수 있으며, 일부 성분은 호르몬에 영향을 미칠 가능성이 있어 자연 유래 향료를 선택하는 것이 더 좋습니다.

- **알코올**Alcohol

- 일부 제품에 포함되지만, 피부를 건조하게 만들고 자극을 줄 수 있음. 특히 민감한 피부라면 피하는 것이 좋습니다.

건강한 피부를 위한 라이프스타일

스킨 케어는 단순히 제품을 바르는 것이 아니라, 생활 습관과도 밀접한 관련이 있습니다. 피부 건강을 유지하기 위해 다음 요소들을 신경 써야 합니다.

식습관과 피부 건강

- **좋은 음식**

- 과일과 채소: 비타민 C가 풍부한 오렌지, 딸기, 브로콜리는 콜라겐 생성을 도와 피부 탄력을 유지하는 데 기여
- 견과류: 아몬드, 호두는 비타민 E와 오메가-3 지방산이 풍부하여 피부의 수분을 유지하고 염증을 줄이는 데 도움
- 생선: 연어 같은 기름진 생선은 오메가-3 지방산이 풍부하여 피부 염증을 완화하고 보습에 도움
- 물: 충분한 수분 섭취는 피부의 수분을 유지하고 노폐물 배출을 도와 건강한 피부를 유지하는 데 필수적

• **피해야 할 음식**

- 설탕: 과도한 섭취는 인슐린 수치를 높이고 염증을 유발해 여드름과 같은 피부 문제를 악화시킬 수 있음
- 가공식품: 인공 첨가물과 방부제가 많은 음식은 피부 건강에 부정적인 영향을 줄 수 있음
- 유제품: 일부 연구에서는 유제품이 여드름을 유발할 수 있다고 보고되고 있어요. 개인에 따라 다를 수 있으므로 주의가 필요
- 알코올: 과도한 섭취는 탈수를 유발하고 피부를 건조하게 만들 수 있음

수면과 피부 건강

• 충분한 수면의 중요성

- 피부 재생: 수면 중에는 피부 세포가 재생되고 회복되는 시간이므로, 충분한 수면이 필수적
- 호르몬 균형: 수면 부족은 스트레스 호르몬(코르티솔)을 증가시켜 피부 문제를 유발할 수 있음

스트레스 관리

• 스트레스 감소가 피부에 미치는 영향

- 염증 완화: 스트레스는 피부 염증을 유발하며 적절한 관리로 이를 줄일 수 있음
- 피부 장벽 보호: 스트레스가 줄어들면 피부 장벽이 강화되어 외부 자극으로부터 피부를 보호할 수 있음

최신 스킨 케어 혁신

- K-뷰티: 한국의 뷰티 트렌드는 전 세계적으로 큰 인기를 끌고 있습니다. K-뷰티는 단계별 스킨 케어 루틴, 혁신적인 성분, 그리고 독창적인 제품(예: 시트 마스크, 에센스 등)으로 유명합니다. 최근에는 피부 장벽 강화와 수분 공급에 중점을 둔 제품들이 주목받고 있습니다.

- 클린 뷰티: 클린 뷰티는 자연 유래 성분을 사용하여 피부에 해로운 화학물질을 배제하는 트렌드입니다. 소비자들은 성분의 투명성을 요구하며, 환경친화적인 포장과 지속가능한 생산 방식도 중요하게 여깁니다. 최근에는 비건 및 크루얼티 프리 제품이 인기를 끌고 있습니다.
- 스킨 케어 기술: AI와 데이터 분석을 활용한 개인 맞춤형 스킨 케어 솔루션이 등장하고 있습니다. 피부 상태를 분석하고, 개인의 필요에 맞는 제품을 추천하는 앱과 서비스가 늘어나고 있습니다. 또한, LED 마스크, 초음파 클렌저 등과 같은 고급 기술이 적용된 기기들도 인기를 얻고 있습니다. 최근 가정용 기기들이 홈쇼핑을 통해 많이 판매되고 있으나 병원용 기기와는 차이가 있습니다. 단번에 큰 효과를 기대하기보다 장기간 꾸준히 사용하시길 권합니다.

나이별 피부 관리법

피부는 연령대에 따라 변화하므로, 적절한 관리 방법을 적용하는 것이 중요합니다.

20대 피부 관리

- 클렌징: 메이크업을 한 경우, 클렌징 오일이나 폼 클렌저로 철저히 세안

- 보습: 수분과 영양이 풍부한 크림을 사용해 피부 장벽을 보호
- 각질 제거: 주 1~2회 각질 제거로 피부 결을 매끄럽게 정돈
- 자외선 차단: 자외선 차단제를 매일 사용해 피부 노화를 예방

30대 피부 관리

- 안티에이징 제품: 비타민 C, 레티놀 등의 성분이 포함된 제품을 활용해 주름과 색소 침착을 예방
- 보습 강화: 더 풍부한 보습제를 사용하여 피부의 수분을 유지
- 정기적인 마스크팩: 수분 마스크나 영양 마스크를 주기적으로 사용해 피부에 활력
- 자외선 차단: 외출 시 자외선 차단제를 꾸준히 사용

40대 피부 관리

- 피부 진단: 피부 상태에 맞는 맞춤형 제품을 선택
- 영양 공급: 항산화 성분이 포함된 세럼이나 크림을 사용하여 피부 건강을 유지
- 주름 관리: 주름 완화 제품을 사용해 피부 탄력 유지
- 전문적인 피부 관리: 정기적으로 피부과나 에스테틱을 방문해 관리를 받는 것도 추천

50대 이상 시니어를 위한 피부 관리

1. 시니어 피부의 특징

- 피부 탄력 감소: 콜라겐과 엘라스틴 생산이 줄어들어 피부가 덜 탄력적이고 처지기 쉽습니다.
- 건조함: 피지선의 활동이 감소하면서 피부가 건조하고 거칠어질 수 있습니다.
- 주름과 잔주름: 자연스러운 노화 과정으로 인해 눈가, 입가, 이마에 주름이 생기기 쉽습니다.
- 피부 톤 변화: 색소 분포가 불균형해지면서 기미, 주근깨, 노화, 반점 등이 나타날 수 있습니다.
- 혈관 노출: 피부가 얇아지면서 혈관이 더욱 도드라져 보일 수 있습니다.
- 치유 속도 저하: 피부 재생 능력이 떨어져 상처가 나면 회복 속도가 느려질 수 있습니다.
- 피부 질감 변화: 피부 턴오버 주기가 느려지면서 각질이 쌓여 피부가 거칠어질 수 있습니다.

2. 시니어 피부 관리법

• 보습 강화

- 피부 수분을 유지하기 위해 히알루론산, 글리세린, 세라마이드가

포함된 보습제를 사용

- 식물성 오일 (아르간 오일, 코코넛 오일)을 활용하면 피부 보습 효과가 좋음

• 자외선 차단

- 외출 시 자외선 차단제를 사용하여 자외선으로부터 피부를 보호
- 외출 30분 전에 바르고, 장시간 외출 시에는 덧발라 줌
- 물리적 차단 필요 (선글라스, 모자, 팔토시)

• 클렌징

- 피부가 민감해질 수 있으므로 순한 클렌저 사용
- 세안 후에는 즉시 보습제를 발라 수분을 유지

• 영양 공급

- 비타민 C, 비타민 E, 레티노이드가 포함된 제품을 사용해 피부 재생과 보호에 도움
- 피부 건강을 위해 신선한 과일, 채소, 견과류, 생선을 충분히 섭취

• 건강한 생활 습관

- 수분 섭취: 하루에 최소 8잔의 물을 마셔 피부를 촉촉하게 유지

- 운동: 혈액 순환을 개선하고 피부에 산소와 영양을 공급
- 충분한 수면: 하루 7~8시간의 숙면은 피부 재생에 필수적

• **정기적인 피부 검사**

- 피부 문제를 예방하기 위해 정기적으로 피부과를 방문하여 검진을 받는 것이 중요

문제성 피부 관리

기미, 검버섯, 점, 여드름, 모공 등 얼굴의 트러블은 다양한 원인으로 발생할 수 있으며, 이를 관리하는 방법도 여러 가지가 있습니다. 각 트러블의 원인과 관리법을 정리했습니다.

기미

• **원인**

- 호르몬 변화: 임신, 피임약 복용 등으로 인한 호르몬 변화가 기미를 유발할 수 있습니다.
- 유전적 요인: 가족력이 있는 경우 기미가 발생할 확률이 높습니다.
- 햇빛 노출: 자외선UV이 기미를 짙게 만듭니다.

• **치료법**

- 외용제: 하이드로퀴논, 트레티노인 크림 등
- 레이저 치료: 색소 제거를 위한 레이저 치료
- 화학 필링: 피부의 상층을 벗겨내어 새로운 피부로 재생

• **관리법**

- 자외선 차단제 사용
- 미백 제품 사용: 비타민 C, 코직산, 하이드로퀴논 등이 포함된 미백 제품을 사용
- 레이저 치료: 전문 피부과에서 레이저 치료를 고려할 수 있습니다.

<u>검버섯 (주로 노화와 관련)</u>

검버섯은 주로 피부에 발생하는 색소 침착으로, 여러 가지 원인에 의해 나타날 수 있습니다.

• **원인**

- 햇빛 노출: 자외선UV이 피부의 멜라닌 생성을 증가시켜 검버섯이 생길 수 있습니다.
- 호르몬 변화: 임신, 경구 피임약 사용 등으로 인한 호르몬 변화가 검버섯을 유발할 수 있습니다.
- 유전적 요인: 가족력이 있는 경우 검버섯이 발생할 가능성이 높

습니다.

- 피부 손상: 상처나 염증 후 피부가 회복되는 과정에서 색소 침착이 생길 수 있습니다.
- 노화: 나이가 들면서 피부의 색소 분포가 불균형해져 검버섯이 나타날 수 있습니다.

• **치료 방법**

- 국소 치료제: 하이드로퀴논, 트레티노인, 코직산 등의 성분이 포함된 크림을 사용하여 색소 침착을 완화할 수 있습니다.
- 레이저 치료: 레이저를 이용해 색소를 제거하는 방법으로, 효과적일 수 있습니다.
- 화학적 필링: 피부의 표면을 벗겨내어 새로운 피부로 재생하는 방법입니다.
- 광선 요법: 특정 파장의 빛을 이용해 색소를 줄이는 치료법입니다.

• **예방**

자외선 차단제를 사용하고, 햇빛 노출을 최소화하는 것이 중요합니다. 검버섯이 심하거나 치료가 필요할 경우 피부과 전문의와 상담하는 것이 좋습니다.

• **관리법**

- 자외선 차단제 사용: 기미와 마찬가지로 자외선 차단제를 사용하여 예방합니다.
- 항산화제: 비타민 E, C가 포함된 제품을 사용하여 피부를 보호합니다.
- 피부과 치료: 화학 필링, 레이저 치료 등을 통해 제거할 수 있습니다.

점

• **원인**

- 유전적 요인: 점은 유전적으로 발생할 수 있습니다.
- 자외선 노출: 자외선에 의해 점이 더 진해질 수 있습니다.

• **관리법**

- 정기적인 피부 검사: 점의 변화가 있는지 확인하고, 필요시 제거합니다.
- 자외선 차단제 사용: 점이 더 진해지지 않도록 자외선 차단제를 사용합니다.

여드름

• **원인**

- 호르몬 변화: 사춘기, 생리 주기, 임신 등으로 인한 호르몬 변화가 여드름을 유발할 수 있습니다.
- 피지선의 과다 활동: 피지선이 과도하게 활성화되면 피부의 기름이 많아져 여드름이 생길 수 있습니다.
- 세균 감염: 피부에 존재하는 피지와 각질이 쌓여 여드름균이 번식하게 되면 염증이 발생합니다.
- 유전적 요인: 가족 중 여드름이 있는 경우, 유전적으로 여드름이 발생할 가능성이 높습니다.
- 스트레스: 스트레스는 호르몬 분비에 영향을 미쳐 여드름을 악화시킬 수 있습니다.
- 식습관: 고당분, 고지방

• 종류

- 염증성 여드름: 붉고 부풀어오른 형태로, 통증을 동반 (예: 구진, 농포)
- 낭종성 여드름: 깊은 피부층에서 발생하며, 큰 덩어리 형태로 통증이 심할 수 있습니다.
- 여드름 폐쇄형(화이트헤드): 피부 아래 피지가 쌓여 생기는 작은 흰색 돌기

• 관리 방법

- 청결 유지: 하루에 두 번 부드러운 클렌저로 세안하여 피부를 깨끗하게 유지
- 피부 보습: 기름지지 않은 수분 크림을 사용하여 피부의 수분을 유지
- 건강한 식습관: 과일, 채소, 통곡물 위주의 균형 잡힌 식사
- 스트레스 관리: 운동, 명상, 취미 활동 등을 통해 스트레스를 줄입니다.
- 전문가 상담: 여드름이 심한 경우 피부과 전문의와 상담하여 적절한 치료를 받는 것이 중요합니다.

여드름은 개인의 피부 타입과 상태에 따라 다르게 나타날 수 있으므로, 자신에게 맞는 관리 방법을 찾는 것이 중요합니다.

모공

• 원인

- 과도한 피지 분비: 피지가 과다하게 분비되면 모공이 막히고 넓어질 수 있습니다.
- 각질 쌓임: 각질이 제대로 제거되지 않으면 모공이 막히고 여드름이 발생할 수 있습니다.
- 유전적 요인: 유전적으로 모공이 넓은 경우도 있습니다.

- 환경적 요인: 오염된 공기, 자외선, 스트레스 등 외부 환경이 피부에 영향을 미칠 수 있습니다.
- 잘못된 스킨 케어: 피부에 맞지 않는 제품 사용이나 과도한 메이크업이 모공을 막을 수 있습니다.

• 해결 방법

- 정기적인 클렌징: 피부 타입에 맞는 클렌저로 매일 세안하여 피지와 노폐물을 제거
- 각질 제거: 주 1~2회 각질 제거 제품을 사용하여 죽은 피부 세포를 제거
- 모공 수축 제품 사용: 토너나 세럼 중 모공 수축 효과가 있는 제품을 선택하여 사용
- 수분 공급: 충분한 수분을 공급하여 피부의 유수분 균형을 맞춥니다.
- 자외선 차단: 자외선으로 인한 피부 손상을 방지하기 위해 SPF가 포함된 제품을 사용
- 전문적인 치료: 필요시 피부과에서 레이저 치료, 화학 필링 등의 전문적인 치료를 고려할 수 있습니다.

모공 관리는 꾸준한 관리가 필요하므로, 자신의 피부 상태에 맞는 방법을 찾아 지속적으로 실천하는 것이 중요합니다.

치아 케어:
완벽한 미소를 만드는 힘

깨끗하고 가지런한 치아가 외모에 미치는 영향

우리의 얼굴에서 가장 눈에 띄는 부분 중 하나가 바로 치아입니다. 깨끗하고 가지런한 치아는 건강하고 단정한 이미지를 만들어 주고, 면접, 데이트, 비즈니스 미팅 등 중요한 순간에 자신감 있는 미소를 지을 수 있도록 합니다.

깨끗하고 고르게 정돈된 치아는 자연스럽고 당당한 미소를 만드는 데 중요한 역할을 합니다. 반대로 치아가 변색되거나 배열이 고르지 않다면 웃는 것이 부담스러울 수 있죠. 밝은 미소는 사람들과의 관계를 더욱 원활하게 만들어 줍니다.

또한 치아 색상이 누렇거나 손상되면 나이가 더 들어 보일 수 있습니다. 반대로 깨끗하고 건강한 치아는 젊고 생기 있는 인상을 만들어 줍니다.

치아 상태는 개인의 위생 관리 수준을 반영하기도 합니다. 깨끗한 치아를 가진 사람은 자기관리를 잘하는 사람이라는 신뢰감을 주기 때문에 사회적 관계에서도 긍정적인 영향을 미칠 수 있습니다. 그리고 치아가 가지런하면 얼굴 전체가 더욱 균형 잡혀 보이는 효과가 있습니다. 치아 교정이나 적절한 관리를 통해 얼굴을 더욱 조화롭게 만들 수 있습니다.

깨끗하고 가지런한 치아를 위한 자기 관리법

• 올바른 양치 습관

- 식사 후 3분 이내에 양치하기
- 하루 2~3회, 최소 2분 이상 꼼꼼하게 닦기
- 칫솔은 3개월마다 교체하기
- 혀 클리너 사용으로 입 냄새 예방하기

• 치실과 구강 세정제 사용

- 칫솔만으로 닦이지 않는 치아 사이의 이물질은 치실로 제거하기
- 구강 세정제를 활용해 구강 내 세균 감소하기

• 정기적인 치과 검진과 스케일링

- 6개월마다 치과에 방문하여 치아 상태 점검하기
- 스케일링을 통해 치석을 제거하고 잇몸 건강 유지하기

• 치아 미백 및 변색 예방

- 커피, 와인, 흡연 등 착색을 유발하는 습관 줄이기
- 미백 치약이나 전문가용 화이트닝 치료 고려하기

치과의 심미 치료

치아의 외관을 개선하고, 미소를 아름답게 만드는 데 중점을 둔 치료 방법입니다. 이 치료는 주로 치아의 색상, 형태, 크기, 배열 등을 조정하여 자연스럽고 조화로운 미소를 만들어 줍니다.

스케일링 및 클리닝

- 플라그와 치석을 제거하여 구강 건강 유지

미백 치료

- 치아의 색상을 밝게 하고 얼룩을 제거하는 방법입니다. 전문적인 미백 치료와 자가 미백 제품이 있으며, 치과에서 진행하는 미백이 더 효과적일 수 있습니다.
- 후천적 원인(외부 요인)으로 착색이 된 경우는 미백 치료 효과가 뛰어나지만 선천적으로 치아 색이 어둡거나 황치인 경우 효과가 크지 않다는 점 참고하세요.

치아 교정

- 치아가 고르지 않다면 교정 치료를 고려하기
- 교정 후 유지 장치를 착용해 치아 배열 고정하기
- 치아 배열을 정리하여 균형 잡힌 얼굴 만들기

치아의 배열을 조정하여 고른 미소를 만드는 방법입니다. 전통적인 금속 교정기부터 투명 교정기까지 다양한 옵션이 있습니다. 1년 이상의 시간과 비용이 많이 소요되므로 충분한 상담을 통해 결정해야 합니다.

라미네이트

얇은 세라믹 또는 복합 레진으로 만들어진 얇은 판을 치아의 앞면에 붙여 치아의 색상이나 형태를 개선하는 방법입니다. 자연스러운 외관을 제공하며, 치아의 손상을 최소화합니다. 벌어진 치아를 레진으로 메꾸는 방법도 있습니다.

- 앞니의 색상과 모양을 개선하는 라미네이트 시술 가능
- 최소한의 치아 손상으로 자연스러운 미소 연출

연예인처럼 외모가 매우 중요한 사람들은 라미네이트 시술을 많이 하는 추세입니다. 그러나 비용도 만만치 않고 관리도 까다롭습니다. 일반인들이 미용을 목적으로 시술을 계획한다면 사전에 충분한 상담과 신중한 결정이 필요합니다.

크라운

손상된 치아를 덮어 보호하고, 모양과 기능을 회복시키는 치료. 금속, 세라믹, 또는 복합재료로 만들어집니다.

브릿지

빠진 치아를 대체하기 위해 인접한 치아에 고정하는 방법. 자연스러운 외관을 유지하면서 기능을 회복할 수 있습니다.

임플란트

빠진 치아를 대체하기 위해 인공 치아 뿌리를 심고 그 위에 크라운을 올리는 방법입니다. 자연 치아와 유사한 기능과 외관을 제공합니다.

체형 관리:
몸이 최고의 스타일이다

우리가 살아가는 이 시대는 외모와 스타일에 대한 관심이 그 어느 때보다도 높아졌습니다. 패션, 뷰티, 운동 등 다양한 분야에서 사람들은 자신을 표현하고자 노력하지만 그 모든 것의 근본에는 '몸'이 있습니다. 몸은 우리의 정체성과 자신감을 형성하는 중요한 요소입니다. 어떤 옷을 입고, 어떤 스타일을 선택하든 결국 그것은 나의 몸에 의해 결정됩니다.

몸이 건강하고 균형 잡혀 있을수록 자신감이 생기고, 이는 자연스럽게 나의 스타일에도 긍정적인 영향을 미칩니다.

예를 들어, 운동을 통해 몸을 가꾸면 자세가 좋아지고, 건강한 체형이 유지되며, 이를 통해 자신감이 더욱 커집니다. 그 자신감은 내가 선택하는 패션과 스타일에 고스란히 반영됩니다.

옷보다 중요한 것은 체형이다

아무리 비싼 옷을 입어도 몸의 균형이 맞지 않거나 건강이 뒷받침되지 않으면 스타일이 살아나지 않습니다. 옷을 통해 단점을 보완하는 것도 중요하지만, 근본적인 체형 관리를 통해 기본을 다지는 것이 더욱 중요합니다.

또한 각자의 몸은 그동안의 경험과 삶의 흔적을 고스란히 담고 있습니다. 운동으로 다져진 근육, 여행으로 얻은 태닝, 혹은 힘든 시간을 겪으며 생긴 상처들까지, 모든 것이 나의 이야기를 구성합니다. 이러한 몸의 이야기는 나만의 독특한 스타일을 만들기도 하지요. 건강한 몸은 나의 삶의 질을 높이고, 이를 통해 더 많은 경험을 쌓을 수 있게 해줍니다. 건강한 몸을 유지하기 위해서는 균형 잡힌 식사와 규칙적인 운동이 필수적입니다. 이러한 노력은 결국 나의 스타일에도 긍정적인 영향을 미치며, 나를 더욱 매력적으로 만들어 줍니다.

체형 관리의 중요성

• 건강 증진

적절한 체형 관리는 심혈관 질환, 당뇨병, 고혈압 등 다양한 질병의 위험을 줄이는 데 도움을 줍니다. 건강한 체중을 유지하면 신체의 전반적인 기능이 향상됩니다.

• 자신감 향상

체형 관리에 성공하면 자신감이 높아지고, 사회적 활동에 더 적극적으로 참여하게 됩니다. 이는 정신 건강에도 긍정적인 영향을 미칩니다.

• 에너지 수준 증가

규칙적인 운동과 건강한 식습관은 에너지를 증가시키고, 일상생활에서 활력을 높여줍니다.

• 노화 방지

적절한 체형 관리는 피부 탄력을 유지하고, 노화 과정을 늦추는 데 도움을 줄 수 있습니다.

몸매와 심리

자신의 몸매에 만족하시나요?

몸매와 심리는 서로 밀접한 관계가 있습니다. 사람들은 자신의 몸매에 대한 인식이 심리적 상태에 영향을 미칠 수 있으며, 반대로 심리적 상태도 몸매에 영향을 줄 수 있습니다.

• **몸매에 대한 인식**

많은 사람이 사회적 기준이나 미의 기준에 따라 자신의 몸매를 평가합니다. 이러한 평가가 부정적일 경우, 자존감이 낮아질 수 있습니다.

• **심리적 영향**

스트레스, 우울증, 불안 등 심리적 문제는 식습관이나 운동 습관에 영향을 미쳐 몸매의 변화로 이어질 수 있습니다. 예를 들어, 스트레스를 받으면 과식을 하거나 운동을 하지 않게 될 수 있습니다.

• **자기 수용**

긍정적인 몸매 인식은 심리적 웰빙에 기여할 수 있습니다. 자신의 몸을 긍정적으로 받아들이고 사랑하는 것은 자존감을 높이고 정신 건강에 도움을 줄 수 있습니다.

• **사회적 비교**

소셜 미디어의 발달로 인해 다른 사람들과 비교가 심해지면서 몸매에 대한 불만이 증가할 수 있습니다. 이는 심리적 스트레스를 유발할 수 있습니다.

여성들은 왜 몸매에 집착할까?

사회적 압력, 미디어의 영향, 그리고 문화적 기준 등이 복합적으로 작용하여 여성들이 특정한 몸매를 이상적으로 여기는 경향이 있습니다. 특히 어린 소녀들이 바비 인형같은 비현실적인 몸에 집착함으로 인해 사회적 문제가 야기되기도 합니다. 왜곡된 신체 이미지는 다음과 같은 문제를 일으킬 수 있습니다.

• 자존감 저하

몸매에 대한 과도한 집착은 여성들의 자존감을 낮추고, 자신에 대한 부정적인 인식을 초래할 수 있습니다.

• 정신 건강 문제

체중이나 몸매에 대한 불만족은 우울증, 불안장애, 섭식장애 등 정신 건강 문제로 이어질 수 있습니다.

• 사회적 비교

다른 사람들과의 비교를 통해 자신을 평가하게 되면, 지속적인 불만족과 스트레스를 느낄 수 있습니다.

• 신체 이미지 왜곡

미디어에서 제시하는 비현실적인 몸매 기준은 자신의 몸을 왜곡된 시각으로 바라보게 만들 수 있습니다.

• 건강 문제

극단적인 다이어트나 운동은 신체 건강에 해를 끼칠 수 있으며, 영양 불균형이나 신체적 부상을 초래할 수 있습니다.

이러한 문제를 해결하기 위해서는 긍정적인 신체 이미지와 다양성을 존중하는 문화가 필요하며, 교육과 사회적 지원이 중요합니다.

체형 관리 방법

다이어트에는 왕도가 없다: 인풋과 아웃풋의 균형

• 균형 잡힌 식사

다양한 영양소를 포함한 식단을 유지하는 것이 중요합니다. 과일, 채소, 단백질, 건강한 지방을 포함한 균형 잡힌 식사를 통해 필요한 영양소를 섭취하세요.

• 규칙적인 운동

유산소 운동(걷기, 조깅, 수영 등)과 근력 운동(웨이트 트레이닝, 요가 등)을 병행하여 체형을 관리하세요. 주 3-5회, 30분 이상의 운동을 목표로 하세요.

• 수분 섭취

물을 충분히 마시는 것은 신진대사를 촉진하고, 체내 독소를 배출하는 데 도움을 줍니다. 하루에 최소 2리터의 물을 섭취하는 것이 좋습니다.

• 스트레스 관리

스트레스는 체중 증가의 원인이 될 수 있습니다. 명상, 요가, 취미 활동 등을 통해 스트레스를 관리하세요.

• 수면의 중요성

충분한 수면은 체형 관리에 필수적입니다. 수면 부족은 호르몬 불균형을 초래하고, 체중 증가를 유발할 수 있습니다. 매일 7-9시간의 수면을 목표로 하세요.

• 목표 설정

현실적이고 구체적인 목표를 설정하여 체형 관리에 대한 동기를 부여하세요. 작은 목표를 달성하면서 성취감을 느끼는 것이 중요합니다.

체형 관리는 단기적인 목표가 아니라 지속적인 노력과 습관이 필요한 과정입니다. 건강한 생활 습관을 통해 자신만의 체형을 관리하고, 더 나은 삶을 누리세요.

요즘 사람들은 몸매에 대해 어떻게 생각할까?

과거에는 특정한 몸매 기준이 강조되었지만, 현재는 개인의 다양성과 건강을 중시하는 경향이 강해지고 있습니다.

• 다양성의 수용

다양한 체형과 크기를 가진 사람들에 대한 수용이 증가하고 있습니다. '모든 몸은 아름답다'는 메시지가 널리 퍼지면서, 특정한 몸매 기준에 얽매이지 않으려는 노력이 커지고 있습니다.

• 건강 중심의 접근

외모보다는 건강과 웰빙을 중시하는 트렌드가 확산하고 있습니다. 운동과 식단 관리가 몸매를 가꾸는 수단보다는, 전반적인 건강을 위한 방법으로 인식되고 있습니다.

- **소셜 미디어의 영향**

인스타그램, 틱톡 등 소셜 미디어 플랫폼에서 다양한 몸매와 스타일을 가진 사람들의 모습이 공유되면서, 사람들은 더 많은 영감을 얻고 있습니다. 이는 몸매에 대한 인식을 변화시키는 데 큰 역할을 하고 있습니다.

- **패션과 스타일의 변화**

다양한 체형을 고려한 패션 브랜드와 스타일이 등장하면서, 사람들은 자신에게 맞는 옷을 찾는 데 더 많은 선택지를 갖게 되었고, 이는 자신감을 높이는 데 기여하고 있습니다.

이상적인 몸매에 대한 기준은?

이상적인 몸매에 대한 기준은 문화, 시대, 개인의 취향에 따라 다르게 나타납니다. 일반적으로는 균형 잡힌 비율, 적정한 체중, 그리고 자신감 있는 태도가 중요합니다. 어떤 사람에게는 날씬한 몸매가 이상적일 수 있고, 또 어떤 사람에게는 근육질의 몸매가 더 매력적으로 보일 수 있습니다. 중요한 것은 자신이 건강하고 행복하다고 느끼는 몸매를 유지하는 것입니다.

헤어스타일:
남자는 머리발, 여자도 머리발

머리카락이 말해 주는 당신의 이미지

헤어스타일이 내 이미지를 바꾼다고?

'헤어스타일이 사람의 인상을 크게 좌우한다'는 말, 들어보셨죠? 사실입니다. 머리 모양 하나만 바꿔도 분위기가 확 달라집니다. 어느 연예인의 경우는 평범한 긴 머리에서 파격적인 숏컷으로 변신한 후, 중성적인 매력이 돋보여 패셔니스타로 거듭나 인기를 얻고 있습니다.

헤어스타일은 단순히 '멋'의 문제가 아닌 외모를 완성하는 필수 요소입니다.

• **얼굴형 보완**

헤어스타일에 따라 얼굴이 더 작아 보이거나, 균형 잡혀 보입니다. 예를 들어, 둥근 얼굴형은 옆 머리를 가볍게 정리하고 볼륨을 주는 것이 좋고, 긴 얼굴형은 옆으로 퍼지는 스타일이 어울립니다.

• **분위기 형성**

부드러운 웨이브는 온화한 이미지를, 단정한 커트는 신뢰감을 주는 이미지를 형성합니다.

• **개성과 브랜드 이미지 표현**

직장인이라면 깔끔하고 정돈된 헤어스타일이 필요하고, 창업자나 크리에이티브한 직종이라면 본인의 개성을 살릴 수 있는 스타일을 선택하는 것이 좋습니다.

헤어스타일에 따른 이미지

• **단발**Bob Cut

- 이미지: 깔끔하고 세련된 느낌을 주며, 젊고 활기찬 인상
- 특징: 얼굴형을 강조하고 관리가 쉬워 바쁜 현대인들에게 인기
- 스타일: 클래식한 스트레이트 단발, 레이어드 단발, C컬 단발 등

다양한 변형이 가능

• **롱헤어**Long Hair

- 이미지: 여성스럽고 우아하며 고전적인 아름다움을 연출
- 특징: 다양한 스타일링이 가능하며 롤업이나 포니테일 등으로 변화를 줄 수 있음
- 스타일: 스트레이트, 웨이브, 컬 등 다양한 텍스처로 연출 가능

• **숏컷**Short Cut

- 이미지: 강렬하고 독특한 개성을 표현하며 모던하고 도시적인 느낌
- 특징: 얼굴 윤곽을 드러내어 자신감 있는 이미지를 연출
- 스타일: 비대칭 숏컷, 픽시컷, 텍스처링 숏컷 등

• **레이어드 컷**Layered Cut

- 이미지: 자연스럽고 부드러운 느낌을 주며 볼륨감과 움직임이 더 살아남
- 특징: 다양한 길이의 레이어로 다채로운 스타일링이 가능
- 스타일: 긴 레이어드, 짧은 레이어드, C컬 레이어드 등

• **펌**Perm

- 이미지: 로맨틱하고 사랑스러운 느낌을 주며 부드러운 인상을 연출
- 특징: 컬의 크기와 모양에 따라 다양한 분위기를 연출
- 스타일: 빌드펌, 물결펌, 스트레이트 펌 등

• **뱅**Bang

- 이미지: 얼굴을 작아 보이게 하며 귀엽고 청순한 느낌
- 특징: 다양한 뱅 스타일로 얼굴형에 맞게 연출 가능
- 스타일: 시스루 뱅, 스트레이트 뱅, A라인 뱅, 사이드 뱅 등

• **포니테일**Ponytail

- 이미지: 간결하고 활동적인 느낌을 주며 깔끔한 인상
- 특징: 높은 포니테일, 낮은 포니테일, 사이드 포니테일 등 다양한 스타일
- 스타일: 클래식 포니테일, 텍스처 포니테일, 땋은 포니테일 등

• **땋은 머리**Braided Hair

- 이미지: 전통적이면서도 트렌디한 느낌을 주며 세련된 분위기를 연출
- 특징: 다양하게 땋는 방식으로 독특한 스타일을 만들 수 있음
- 스타일: 프렌치 브레이드, 피쉬테일 브레이드, 크라운 브레이드 등

• **매직 스트레이트**Magic Straight

- 이미지: 깔끔하고 단정한 느낌을 주며, 프로페셔널한 이미지를 연출

- 특징: 곱슬머리를 스트레이트로 교정할 수 있음
- 스타일: 클래식 스트레이트, C컬 스트레이트 등

• **컬러 헤어**Hair Color

- 이미지: 개성과 트렌디한 느낌을 강조하며, 색에 따라 다양한 분위기 연출
- 특징: 헤어 컬러는 피부 톤과 조화를 이루는 것이 중요 (퍼스널 컬러 적용)
- 스타일: 밝은 블론드, 애쉬톤, 파스텔 톤, 다크 브라운 등

남성 직장인에게 어울리는 헤어스타일

남자는 머리발로 승부한다

직장인에게 어울리는 헤어스타일은 전문적인 느낌이 좋습니다.

남성의 헤어스타일은 단순히 유행을 따르는 것보다는 개인의 얼굴형, 라이프스타일, 직업적 환경, 그리고 개인적인 스타일 선호도에 따라 다양하게 결정될 수 있습니다.

남성 헤어스타일의 종류

• **단정한 짧은 머리**Short Cut

- 가장 기본적이고 클래식한 스타일로 관리가 쉽고 전문적인 이미지 연출
- 옆머리와 뒷머리를 짧게 정리하고 윗머리는 자연스럽게 스타일링

• **투블럭 커트**Two Block Cut

- 옆머리와 뒷머리를 매우 짧게 깎고 윗머리는 길게 유지하는 스타일
- 세련되고 젊은 느낌을 주며 다양한 스타일링이 가능

• **사이드 파트**Side Part

- 머리를 한쪽으로 넘겨 정리하는 스타일로 클래식하면서도 우아한 이미지를 연출
- 포멀한 자리나 비즈니스 미팅에 적합

• **텍스처드 컷**Textured Cut

- 머리카락에 텍스처를 주어 볼륨감을 살리는 스타일
- 캐주얼하면서도 세련된 느낌을 주어 창의적인 직업군에 적합

남성 얼굴형에 맞는 헤어스타일

• 둥근 얼굴형

- 옆머리를 짧게 하고 윗머리를 길게 하여 얼굴을 길어 보이게 하는 스타일이 적합 (예) 텍스처드 컷, 포마드 스타일)

• 각진 얼굴형

- 부드러운 느낌을 주기 위해 옆머리를 길게 하거나, 가르마를 내

어 부드러운 인상을 줄 수 있음 (예) 사이드 스웹, 슬릭백)

• **긴 얼굴형**

- 옆머리를 길게 하거나 앞머리를 내어 얼굴의 길이를 줄이는 스타일 (예) 프린지 컷, 뱅 스타일)

• **타원형 얼굴형**

- 거의 모든 스타일이 잘 어울리며 개인의 취향에 따라 선택 (예) 언더컷, 콰프)

남성의 직업적 환경

• **보수적인 직장**

- 깔끔하고 단정한 스타일이 적합 (예) 클래식 슬릭백, 사이드 파트)

• **창의적인 직장**

- 개성 있는 스타일을 시도해도 무방 (예) 컬러링, 모히칸, 텍스처드 컷)

남성 헤어 케어

• **정기적인 컷팅**

- 단정한 헤어스타일을 유지하기 위해 3-5주마다 정기적으로 컷팅

• **적절한 제품 사용**

- 헤어 타입에 맞는 샴푸, 컨디셔너, 스타일링 제품을 사용하여 건강한 모발을 유지

• **두피 건강**

- 두피 마사지나 스케일링을 통해 두피 건강을 유지하고 깔끔한 이미지를 연출할 수 있는 것이 중요

여성 직장인에게 어울리는 헤어스타일

• **단정한 단발**Bob Cut

- 턱선이나 어깨 위로 정리된 단발 스타일로 깔끔하고 전문적인 이미지 연출
- 스트레이트나 웨이브로 스타일링할 수 있으며 다양한 얼굴형에 잘 어울림

• **레이어드 컷**Layered Cut

- 층을 내어 볼륨감과 움직임을 살리는 스타일
- 얼굴형을 보완해 주며 세련되고 여성스러운 이미지를 연출

• **사이드 스웹**Side Sweep

- 한쪽 머리를 귀 뒤로 넘겨 정리하는 스타일로 우아하고 고급스러운 느낌
- 긴 머리나 중간 길이의 머리에 적합하며 포멀한 자리에 어울림

• **네추럴 웨이브**Natural Wave

- 자연스러운 웨이브를 살린 스타일로 부드럽고 여성스러운 이미지를 연출
- 관리가 비교적 쉽고 캐주얼하면서도 세련된 느낌

• **포니테일**Ponytail

- 머리를 높게 혹은 낮게 묶는 스타일로 단정하면서도 간편함
- 얼굴을 깔끔하게 보이게 하며 바쁜 직장인에게 적합

• **하프 업**half up

- 머리 윗부분을 묶고 아래는 풀어 내린 스타일로 단정하면서도 세

련된 분위기

TIP

• **얼굴형과 두상에 맞는 스타일 선택**

얼굴형과 두상을 고려하여 가장 잘 어울리는 스타일을 선택하는 것이 중요

• **관리의 용이성**

바쁜 직장인을 위해 관리가 쉽고 유지가 간편한 스타일을 고려하는 것이 좋음

• **직장 분위기와의 조화**

직장의 분위기와 드레스 코드에 맞는 스타일을 선택하여 전문적인 이미지를 유지하는 것이 중요

나이에 맞는 헤어스타일

개인의 취향과 얼굴형, 라이프스타일 등에 따라 달라질 수 있지만, 일반적으로 연령대와 성별에 따라 추천되는 스타일입니다.

남성 헤어스타일

• **20~30대**(청년기)

- 스타일: 세련되고 트렌디한 스타일을 추구

- 추천 스타일: 투블럭, 텍스처 컷, 포마드 스타일, 슬릭백

- 특징: 직장 생활이나 사회생활에 맞는 깔끔한 스타일 선호

• **40~50대**(중년기)

- 스타일: 단정하고 성숙한 이미지를 강조.
- 추천 스타일: 짧은 커트, 사이드 파트, 클래식한 포마드 스타일.
- 특징: 관리가 편하고 얼굴형을 보완해 주는 스타일 선호.

• **60대 이상**(노년기)

- 스타일: 깔끔하고 간편한 스타일.

- 추천 스타일: 짧은 커트, 밀리터리 컷, 자연스러운 실버 헤어.

- 특징: 건강하고 청결한 이미지를 유지하는 스타일 선호.

여성 헤어스타일

• 20~30대(청년기)

- 스타일: 세련되고 여성스러운 스타일

- 추천 스타일: 웨이브, 레이어드 컷, 단발, 롱헤어, 볼륨 있는 스타일.

- 특징: 직장이나 사회생활에 맞는 스타일 선호.

• 40~50대(중년기)

- 스타일: 우아하고 단정한 스타일.

- 추천 스타일: 숏컷, 보브컷, 자연스러운 웨이브, 중단발.

- 특징: 얼굴형을 보완하고, 관리가 쉬운 스타일 선호.

• 60대 이상(노년기)

- 스타일: 깔끔하고 편안한 스타일.

- 추천 스타일: 짧은 커트, 자연스러운 실버 헤어, 클래식한 보브컷.

- 특징: 건강하고 청결한 이미지를 유지하는 스타일 선호.

TIP

- **얼굴형 고려** 얼굴형에 맞는 스타일 선택이 중요
- **헤어 케어** 나이가 들수록 모발 건강을 유지하는 것이 중요
- **유행 vs 클래식** 유행을 따르되, 자신에게 어울리는 스타일을 선택

탈모의 주요 원인

탈모는 남녀를 불문하고 사회생활에서 큰 스트레스 요소가 될 수 있습니다. 탈모의 원인은 크게 유전적 요인과 생활 습관 요인으로 나눌 수 있습니다.

• 유전적 탈모

가족력이 있는 경우, DHT(디하이드로테스토스테론) 호르몬 증가로 인해 모낭이 위축되어 탈모가 진행

• 호르몬 변화

출산 후 여성, 폐경기 여성, 또는 스트레스가 많은 직장인에게서 호르몬 변화로 인한 탈모가 발생

• 잘못된 생활 습관

잦은 염색과 펌, 불규칙한 식습관, 과도한 다이어트, 스트레스 등도 탈모를 유발

• 두피 건강 악화

피지 과다 분비, 두피 염증, 혈액 순환 저하 등이 탈모를 촉진

탈모 예방 및 개선 방법

• 생활습관 개선

- 균형 잡힌 식단 유지: 단백질(달걀, 생선, 콩류), 비오틴(견과류, 달걀), 철분(시금치, 붉은 고기)을 충분히 섭취
- 충분한 수면: 모발 성장 호르몬은 밤 10시~2시 사이에 가장 활발히 분비됨

• 스트레스 관리

- 명상, 요가, 운동을 통해 스트레스 조절

• 올바른 두피 관리

- 과도한 세정 피하기: 하루 1회 세정, 너무 뜨거운 물보다는 미지근한 물 사용
- 천연 성분이 함유된 샴푸 사용: 실리콘, 설페이트가 없는 순한 제품 선택
- 두피 마사지: 혈액 순환을 촉진하여 모근을 튼튼하게 함

• 의학적 관리 방법

- 미녹시딜(바르는 탈모 치료제): 초기 탈모 치료에 효과적
- 경구용 약물(피나스테리드, 두타스테리드): 남성형 탈모 예방 및 진행 속도 늦춤
- 모발 이식: 이미 진행된 탈모의 경우 고려할 수 있는 해결책

건강한 모발을 위한 헤어 케어 방법

• 기본적인 헤어 케어 습관

- 정기적인 헤어 트리트먼트: 단백질 트리트먼트를 주 1~2회 사용하여 손상된 모발 보호
- 열기구 사용 최소화: 고온의 드라이기, 고데기는 모발을 약하게 만듦
- 적절한 빗질: 모발이 젖어 있을 때는 부드러운 브러시로 조심스럽게 빗기

• 두피 타입별 관리법

- 지성 두피: 피지 조절 기능이 있는 샴푸 사용
- 건성 두피: 보습 샴푸와 두피 전용 오일 사용, 과도한 샴푸 피하기
- 민감성 두피: 알코올, 인공 향료가 없는 저자극 샴푸 사용

• 모발을 건강하게 유지하는 생활 습관

- 물을 많이 마시기: 탈수 상태가 지속되면 모발이 건조해지고 쉽게 끊어짐
- 금연: 흡연은 모낭으로 가는 혈류를 감소시켜 모발 성장을 방해
- 균형 잡힌 식단: 모발 건강을 위한 필수 영양소(단백질, 오메가3, 비타민 B군) 섭취

패션:
옷이 말해 주는 당신의 스토리

옷을 잘 입고 싶은가?

디자인 대학원 재학 당시 흥미로운 수업으로 즐거움을 주신 존경하는 최경원 교수님의 많은 저서 중『Oh, My Style』에서 언급했던 내용을 잠시 소개합니다.

"누구나 옷을 잘 차려입고 타인의 시선을 한 몸에 받고자 합니다. 누구는 청바지에 흰 티만 걸쳐도 멋이 나는데, 어떤 이는 비싼 명품을 입어도 태가 안 납니다. 몸매가 좋으면 당연히 맵시가 좋겠지만, 모델 같은 몸을 가진 사람이 세상에 얼마나 될까요." 저자는 옷을 잘 입는 비결은 우선 자기 몸의 장단점을 파악하여 예쁜 곳은 드러내고 약점은 가리라고 합니다. 누구나 다 알고 있지만 결코 쉬운 일이 아닙니다. 그러면 어떻게 해야 할까요. 해답은 평소에 "미적 취향 그리고 색과 형태를 볼 줄 아는 좋은 눈(심미안)을 키워야 한다"고 말합니다.

좋은 그림과 건축물을 많이 보고 이해할 수 있다면 옷을 통해 일상을 예술로 만들 수 있습니다.

다시 말하자면, 옷을 잘 입는다는 것은 그저 비싸고 예쁜 옷이 아닌 나의 감각과 생각을 표현하고 조화롭게 매치하여 아름답게 보이는 것입니다.

'Fashion statement'라는 말이 있습니다

'여러분이 입고 있는 옷은 말없이도 여러분을 설명한다'라는 의미입니다. 옷차림은 단순한 스타일링의 문제가 아닙니다. 그것은 여러분의 성향, 가치관, 라이프스타일, 심지어는 현재의 감정 상태까지도 반영합니다. 첫인상의 50% 이상을 결정하는 것은 시각적인 요소이며, 그중에서도 옷차림이 가장 강력한 메시지를 전달합니다.

당신의 옷은 당신을 대신해 말합니다

옷은 하나의 언어입니다. 캐주얼한 옷을 입은 사람은 자유롭고 편안한 분위기를 풍깁니다. 반면, 정갈하게 차려입은 사람은 신뢰감과 프로페셔널한 이미지를 줍니다.

예를 들어, 회의에 참석한 두 사람이 있다고 가정해 보겠습니다.

한 사람은 깔끔한 셔츠와 잘 맞는 재킷을 입었고, 다른 한 사람은 구겨진 티셔츠와 편한 운동화를 신었습니다. 아무 말 하지 않아도 우리는 자연스럽게 첫 번째 사람에게 더 신뢰감을 느끼게 됩니다. 이것이 바로 옷이 가지는 힘입니다.

나의 패션은 나의 정체성을 반영합니다

자신이 누구인지, 어떤 가치를 중요하게 여기는지를 표현하는 가장 쉬운 방법이 패션입니다. 미니멀한 스타일을 선호하는 사람은 군더더기 없는 삶을 지향하는 경우가 많으며, 화려한 색감과 패턴을 즐기는 사람은 자신을 적극적으로 표현하는 데 거리낌이 없습니다.

또한, 같은 정장이라도 스타일링 방식에 따라 다른 이야기를 들려줍니다. 베이직한 블랙 수트에 화이트 셔츠를 매치하면 단정하고 클래식한 느낌이지만, 여기에 컬러풀한 넥타이를 더하면 좀 더 개성 있고 세련된 인상을 줄 수 있습니다.

상황에 맞는 옷차림이 경쟁력이 됩니다

업무 미팅, 면접, 데이트, 사교 모임 등 각 상황에 맞게 적절한 옷차림을 갖추는 것은 사회적 능력의 일부입니다. 같은 사람이라도 어떤 옷을 입느냐에 따라 분위기와 태도가 달라지고, 상대방이 나를 대하는 방식도 달라집니다. 성공한 사람들은 옷을 그냥 '입는 것'이 아니라

'전략적 도구'로 활용합니다.

예를 들어, 중요한 비즈니스 미팅에서 상대방에게 신뢰감을 주고 싶다면 단정한 수트나 포멀한 원피스를 선택하는 것이 좋습니다. 반면, 창의적인 업계에 종사한다면 트렌디한 아이템을 활용해 개성을 드러내는 것이 효과적일 수 있습니다. 중요한 것은 옷을 자신의 목표와 정체성에 맞춰 '전략적으로' 선택하는 것입니다.

나를 위한 패션, 나를 위한 투자

많은 분이 패션을 한시적 유행으로 여기지만, 패션은 자기 관리의 한 부분입니다. 옷을 선택하는 데 있어 가장 중요한 것은 유행을 따르는 것이 아니라 '자신에게 어울리는 스타일을 아는 것'입니다. 자신의 체형, 피부 톤, 라이프스타일에 맞는 옷을 입으면 외적인 매력뿐만 아니라 자신감까지 높아집니다.

패션은 비싼 명품처럼 좋은 옷을 사는 것이 아닙니다. 그것은 자신을 표현하는 수단이며, 동시에 기회를 얻는 강력한 도구입니다. 옷을 통해 자신을 효과적으로 표현하고, 상황에 맞는 스타일링을 익히는 것만으로도 인생이 달라질 수 있습니다. 이제 여러분은 어떤 이야기를 들려주고 싶으신가요?

당신의 옷이 곧 당신의 이야기입니다.

당신이 어떤 일을 하느냐가 중요한 것이 아니라
다른 사람들이 당신이 어떤 일을 한다고
생각하느냐가 중요하다

- 앤디 워홀Andy Warhol -

상황별 옷차림

취업 면접: 신뢰와 전문성을 강조하는 스타일

면접에서는 첫인상이 결정적인 역할을 합니다. 같은 실력을 가진 두 명의 지원자가 있다면, 좀 더 단정하고 신뢰감을 주는 옷차림을 한 사람이 면접관에게 더 긍정적인 인상을 줄 가능성이 높습니다.

‖ 예시 ‖

A씨와 B씨는 같은 회사의 면접을 봅니다.

- A씨는 몸에 잘 맞는 네이비 수트에 화이트 셔츠를 입고, 정돈된 헤어스타일과 깔끔한 구두를 착용했습니다.
- B씨는 너무 캐주얼한 스타일의 블레이저에 컬러풀한 티셔츠를 매치했고, 구두 대신 운동화를 신었습니다.

면접관이 두 사람을 마주했을 때, A씨에게 더 신뢰를 느낄 가능성이 큽니다. 업무 환경에 적합한 단정한 옷차림이 면접에서 경쟁력을 높이는 요소이기 때문입니다.

TIP

면접에서는 지원하는 회사의 분위기에 맞춰 복장을 선택하는 것이 중요합니다. 전통적인 기업이라면 베이직한 수트 스타일이 적절하며, 창의적인 스타트업이라면 조금 더 자유로운 스타일링도 가능합니다. 하지만 단정함과 신뢰감을 기본으로 유지하는 것이 좋습니다.

비즈니스 미팅: 첫 만남에서는 격식을 갖추는 것이 중요

비즈니스 미팅에서는 상대방에게 신뢰와 전문성을 보여주는 것이 중요합니다. 특히 첫 미팅에서는 옷차림이 여러분의 태도와 업무 스타일을 반영하기 때문에 신중한 선택이 필요합니다.

‖ 예시 ‖

- 김 대표는 중요한 투자자와의 첫 미팅에서 차콜그레이 수트와 라이트 블루 셔츠, 클래식한 타이를 매치하여 전문성을 강조했습니다.
- 반면, 박 대표는 지나치게 캐주얼한 청바지와 후드티를 입고 미팅에 참석했습니다.

미팅 후 투자자의 반응은 달랐습니다. 김 대표에게는 신뢰감과 준비된 느낌을 받았지만, 박 대표는 가벼운 인상을 남겼습니다.

TIP

격식을 차려야 하는 자리에서는 클래식한 포멀 웨어를 기본으로 하고, 상대방의 분위기에 따라 디테일을 조정하는 것이 좋습니다.

소개팅·데이트: 호감과 개성을 동시에 표현하는 스타일

소개팅이나 데이트에서는 너무 과하거나 부족한 스타일보다 자연스럽게 자신의 매력을 표현할 수 있는 옷차림이 중요합니다.

‖ 예시 ‖

- 정씨는 밝은 컬러의 니트와 슬림한 슬랙스를 매치해 부드럽고 따뜻한 인상을 주었습니다.
- 반면, 이씨는 지나치게 화려한 패턴의 셔츠와 과도한 액세서리를 착용해 상대방에게 부담감을 주었습니다.

데이트에서는 편안하면서도 본인의 스타일을 살릴 수 있는 옷을 선택하는 것이 좋습니다. 너무 격식을 차린 스타일은 부담을 줄 수 있고, 너무 대충 입으면 관심이 없어 보일 수 있습니다.

TIP

- 첫 만남에서는 깔끔한 캐주얼룩을 추천합니다.
- 컬러는 밝고 부드러운 톤을 선택하면 좋은 인상을 줄 수 있습니다.

공식 행사 & 연회: 드레스 코드에 맞추되, 개성을 살린 스타일

격식을 차려야 하는 자리에서는 옷차림이 더욱 중요합니다. 잘 차려입는 것은 단순히 멋을 내는 것이 아니라, 상대에 대한 존중을 표현하는 방식이기도 합니다.

‖ 예시 ‖

- 한 기업의 연말 행사에서 대부분의 참석자가 블랙타이 드레스 코드에 맞춰 정장을 갖춰 입었습니다.
- 그러나 몇몇 참석자는 청바지와 스니커즈를 착용하여 행사 분위기와 어울리지 않는 모습을 보였습니다.

이처럼 공식적인 자리에서 드레스 코드를 따르는 것은 기본적인 매너이며, 상대방과의 관계 형성에도 긍정적인 영향을 미칩니다.

TIP

- 행사 초대장에 드레스 코드가 명시되어 있다면 반드시 준수하는 것이 좋습니다.

- 기본적인 격식을 유지하면서, 자신의 개성을 살린 스타일을 더하면 더욱 세련된 인상을 줄 수 있습니다.

해외 출장 및 글로벌 네트워크 행사: 문화에 맞는 스타일링

각국의 문화에 따라 옷차림의 규칙이 다를 수 있습니다. 해외 출장이나 글로벌 비즈니스 미팅에서는 상대국의 비즈니스 복장 규칙을 고려하는 것이 중요합니다.

‖ 예시 ‖

- 미국에서는 비즈니스 캐주얼이 일반적이지만, 일본에서는 여전히 정장과 넥타이가 필수인 경우가 많습니다.
- 중동 지역에서는 여성의 경우 노출이 적은 의상이 선호됩니다.

TIP

출장이나 해외 미팅 전에는 해당 국가의 복장 문화를 미리 조사하여 적절한 스타일을 준비하는 것이 좋습니다.

체형에 어울리는 패션 스타일

옷을 잘 입는 핵심은 자신의 체형을 이해하고, 장점을 강조하면서 단점을 보완하는 것입니다. 같은 스타일이라도 체형에 따라 어울림이 달라지므로 자신에게 맞는 스타일을 찾는 것이 중요합니다.

1. 남성 체형별 패션 전략

역삼각형 체형(어깨가 넓고 허리가 가는 체형)

‖ 특징 ‖

상체가 발달하여 어깨가 넓고 허리가 상대적으로 좁아 균형 잡힌 느낌을 줍니다.

TIP

- 상체가 강조되지 않도록 너무 핏한 상의는 피하는 것이 좋습니다.
- 적당한 핏의 셔츠나 니트를 선택하여 자연스럽게 실루엣을 정리하는 것이 좋습니다.
- 하체가 상대적으로 왜소해 보일 수 있으므로 와이드 팬츠나 슬림 일자 팬츠로 하체 볼륨을 보완하세요.
- 추천 아이템: 적당한 두께감의 재킷, 라운드넥 니트, 스트레이트 핏 팬츠

‖ 피해야할 것 ‖

- 어깨 패드가 과한 재킷
- 너무 핏한 상의 (어깨가 더욱 부각됨)
- 스키니 팬츠 (하체가 더 빈약해 보일 수 있음)

사각형 체형 (어깨, 허리, 골반 너비가 비슷한 직각 체형)

‖ 특징 ‖

직선적인 체형으로 남성적인 느낌을 주지만, 다소 둔탁한 인상을 줄 수 있습니다.

TIP

- 허리선을 강조하는 스타일을 선택하면 보다 균형 잡힌 실루엣을 연출할 수 있습니다.
- 어깨에 살짝 핏되는 재킷을 선택해 상체를 정돈하는 것이 좋습니다.
- 슬림한 슬랙스나 데님을 활용해 날렵한 하체 라인을 강조하세요.
- 추천 아이템: 허리 라인이 잡힌 재킷, 브이넥 티셔츠, 슬림핏 슬랙스

‖ 피해야할 것 ‖

- 박시한 상의 (체형이 더 둔탁해 보일 수 있음)
- 스트레이트핏 팬츠 (둔탁한 실루엣 강조됨)

삼각형 체형(허리가 굵고 어깨가 좁은 체형)

‖ 특징 ‖

허리가 상대적으로 발달해 있어 어깨와 허리의 비율이 맞지 않을 수 있습니다.

TIP

- 어깨를 강조하는 스타일을 선택하면 균형 있는 실루엣을 연출할 수 있습니다.
- 상체에 볼륨을 더해주는 디자인을 선택하면 더욱 균형 잡힌 모습이 됩니다.
- 짙은 색의 하의로 허리를 슬림하게 보이도록 연출하세요.

- 추천 아이템: 숄더 패드가 살짝 들어간 재킷, 스트라이프 셔츠, 다크 컬러 슬랙스

‖ 피해야할 것 ‖

- 허리 라인이 강조되는 옷 (허리가 더 부각됨)
- 너무 핏한 상의 (상체가 작아 보일 수 있음)

키가 작은 체형

‖ 특징 ‖

전체적으로 작은 프레임을 가졌으며, 다리가 짧아 보일 수 있습니다.

TIP

- 상하 비율을 조정해 키가 커 보이도록 연출하는 것이 중요합니다.
- 상의는 짧고 하의는 긴 비율을 유지하면 다리가 길어 보입니다.
- 세로 스트라이프 패턴을 활용하면 시각적으로 키가 커 보이는 효과가 있습니다.
- 추천 아이템: 크롭 길이의 재킷, 하이웨이스트 팬츠, 세로 스트라이프 셔츠

‖ 피해야할 것 ‖

- 박시한 상의 (비율이 더 나빠 보일 수 있음)
- 배기 팬츠 (다리가 짧아 보임)

여성 체형별 패션 전략

여성의 체형에 따라 어울리는 스타일이 다릅니다. 자신의 체형을 이해하고 강점을 살리는 스타일링을 하면 더욱 세련되고 균형 잡힌 인상을 줄 수 있습니다.

삼각형 체형(Pear Shape)

‖ 특징 ‖

- 하체가 발달한 체형 (엉덩이, 허벅지가 두드러짐)
- 상체가 상대적으로 작고 어깨가 좁음

‖ 전략 ‖

- 상체를 강조: 퍼프 소매, 볼륨감 있는 블라우스 활용
- 밝은 상의 + 어두운 하의 조합: 시선을 위로 이동
- A라인 스커트, 부츠컷 팬츠: 하체를 자연스럽게 커버
- V넥, 오프 숄더, 목이 길어 보이는 스타일 선택

‖ 피해야할 것 ‖

- 스키니진, 타이트한 미니 스커트 (하체가 부각됨)
- 허리선이 낮은 하의 (하체가 더욱 커 보일 수 있음)

역삼각형 체형(Inverted Triangle Shape)

‖ **특징** ‖

- 어깨가 넓고 하체가 상대적으로 가늚
- 상체에 비해 골반이 작음

‖ **전략** ‖

- 하체에 볼륨을 추가: 플레어 스커트, 와이드 팬츠 활용
- U넥, V넥 선택: 어깨의 부각을 줄이고 목선을 길어 보이게
- 허리 강조 스타일링: 벨트, 페플럼 디자인 선택
- 심플한 상의 + 볼륨 있는 하의 조합

‖ **피해야할 것** ‖

- 어깨 패드가 있는 재킷 (어깨를 더욱 강조함)
- 오프숄더, 홀터넥 (어깨가 넓어 보일 수 있음)

직사각 체형(Rectangle Shape)

‖ **특징** ‖

- 전체적으로 직선적인 실루엣
- 허리 곡선이 뚜렷하지 않음
- 가슴과 엉덩이의 크기가 비슷한 경우가 많음

‖ **전략** ‖

- 곡선을 강조: 페플럼 탑, 러플 디테일이 있는 상의 활용
- 허리 라인을 만들어 줌: 벨트, 허리 절개가 있는 디자인 선택
- 부드러운 실루엣 연출: 플레어 스커트, A라인 원피스 추천
- 컬러 블록 기법 활용: 허리 부분이 어두운색이면 더 잘록해 보임

‖ **피해야할 것** ‖

- 일자로 떨어지는 박스핏 원피스 (직선적인 실루엣을 강조함)
- 과하게 타이트한 스타일 (허리 라인이 희미해짐)

모래시계형 체형(Hourglass Shape)

‖ **특징** ‖

- 상체와 하체의 비율이 균형 잡힘
- 허리가 잘록하고 여성스러운 곡선이 뚜렷함

‖ **전략** ‖

- 허리 라인을 강조: 타이트한 원피스, 벨트 스타일링 활용
- 핏되는 실루엣 추천: 몸에 자연스럽게 맞는 슬림핏 상의
- V넥, 오프숄더 활용: 목선을 길어 보이게 연출
- 세미 하이웨이스트 하의: 다리가 길어 보이는 효과

‖ 피해야할 것 ‖

- 오버사이즈 룩 (체형의 균형미를 숨김)
- 스트레이트핏 하의 (곡선미를 살리지 못함)

체형별 공통 스타일링 팁

- 균형이 핵심: 체형별로 시선을 분산시키는 전략 활용
- 컬러와 패턴 조절: 밝은색은 부각, 어두운색은 축소 효과
- 소재 선택: 몸에 맞게 흐르는 원단이 가장 자연스럽고 세련된 느낌을 줌
- 액세서리 활용: 볼드한 귀걸이나 목걸이로 시선을 원하는 방향으로 유도

체형의 종류

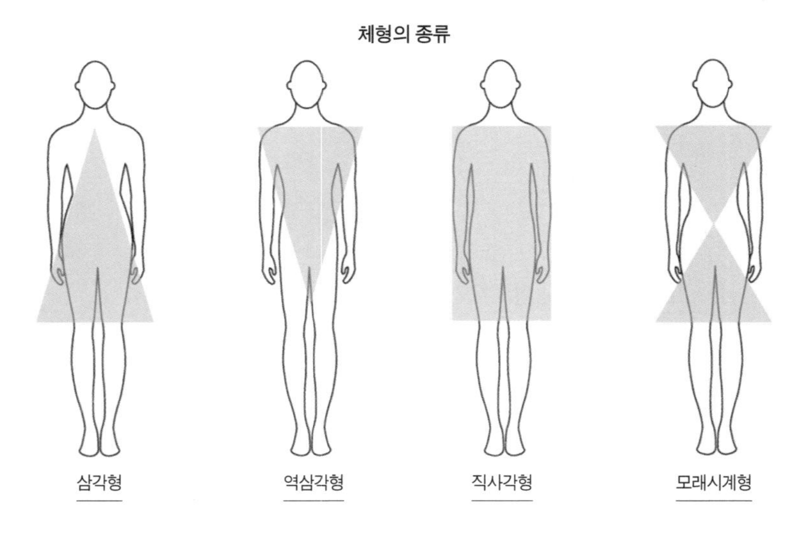

자신의 체형을 이해하고 스타일링을 조절하면 더욱 세련되고 조화로운 룩을 연출할 수 있습니다. 체형에 맞는 스타일링을 실천하면서 자신만의 개성을 살리는 것이 가장 중요한 포인트입니다.

- 색상, 패턴, 핏을 적절히 활용하면 더욱 세련된 이미지를 연출할 수 있습니다.
- 무엇보다 중요한 것은 자신감을 가지고 스타일을 완성하는 것입니다.

액세서리 & 소품을 활용한 패션 가이드

패션에서 액세서리와 소품은 스타일을 완성하는 중요한 요소입니다. 같은 옷을 입더라도 어떤 액세서리를 매치하느냐에 따라 전체적인 분위기와 인상이 달라질 수 있습니다. 남성과 여성 모두 액세서리를 활용하면 스타일의 완성도를 높이고 개성을 더욱 돋보이게 만들 수 있습니다.

남성 액세서리 & 소품 활용 가이드

남성 패션에서 액세서리는 과하지 않으면서도 세련된 느낌을 주는 것이 중요합니다. 너무 많으면 부담스럽고 어색해 보일 수 있으므로 미니멀하면서도 포인트가 되는 아이템을 선택하는 것이 좋습니다.

시계 - 클래식함과 세련미를 더하는 필수 아이템

- 포멀한 스타일: 메탈 밴드 시계(실버, 골드)나 가죽 스트랩의 클래식한 시계를 추천합니다. 정장과 매치하면 신뢰감을 높여줍니다.
- 캐주얼한 스타일: 러버 밴드, 나토 스트랩 또는 스마트워치를 활용하면 스포티하면서도 트렌디한 느낌을 줄 수 있습니다.

TIP

시계 하나만 잘 선택해도 전체적인 스타일이 고급스러워집니다.

가죽 벨트 - 포멀룩과 캐주얼룩의 기본

- 정장 스타일: 정장에는 매끈한 가죽 벨트를 선택하고, 슈즈 컬러와 맞추는 것이 중요합니다. (예: 브라운 슈즈 + 브라운 벨트)
- 캐주얼 스타일: 투박한 가죽 벨트나 위빙 벨트 등을 활용하면 내추럴한 분위기를 연출할 수 있습니다.

TIP

버클이 너무 큰 벨트는 피하고, 심플한 디자인을 선택하세요.

가방 - 실용성과 스타일을 동시에

- 비즈니스룩: 가죽 브리프케이스나 서류 가방이 이상적이며, 블랙이나 다크브라운 컬러를 추천합니다.
- 캐주얼룩: 크로스백, 토트백, 백팩을 활용하면 실용적이면서도 세련된 분위기를 연출할 수 있습니다.

TIP

백팩을 선택할 때는 너무 스포티한 디자인보다는 미니멀한 가죽 백팩을 선택하면 성숙한 느낌을 줄 수 있습니다.

선글라스 - 얼굴형에 맞춘 선택이 중요

- 각진 얼굴: 둥근 프레임의 선글라스를 선택해 부드러운 인상을 만들 수 있습니다.
- 둥근 얼굴: 사각 프레임을 선택하면 세련되고 시크한 분위기를 연출할 수 있습니다.
- 계란형 얼굴: 대부분의 선글라스가 잘 어울리므로 본인의 스타일에 맞게 선택하면 됩니다.

TIP

얼굴형뿐만 아니라, 자신의 퍼스널 컬러에 맞는 선글라스를 선택하면 더욱 조화로운 스타일을 연출할 수 있습니다.

반지 & 팔찌 - 미니멀한 포인트로 세련미 UP

- 실버 또는 골드 링 하나 정도로 포인트를 주면 멋스럽습니다.
- 가죽 스트랩 팔찌나 심플한 체인 팔찌는 캐주얼룩과 잘 어울립니다.
- 반지는 한두 개만 착용하는 것이 과하지 않고 자연스럽습니다.

TIP

손이 깔끔하게 관리된 상태에서 반지와 팔찌를 착용하면 더욱 세련된 인상을 줄 수 있습니다.

여성 액세서리 & 소품 활용 가이드

여성 패션에서 액세서리는 룩에 따라 다양한 스타일을 연출할 수 있습니다. 액세서리를 잘 활용하면 고급스러움과 세련미를 더할 수 있으며, 때로는 개성을 강조하는 역할도 합니다.

주얼리 - 얼굴형과 의상에 맞춘 선택

• 귀걸이

- 동그란 얼굴: 길고 직선적인 드롭형 귀걸이 추천
- 각진 얼굴: 부드러운 곡선형 귀걸이 (링 귀걸이, 진주 귀걸이)
- 긴 얼굴: 볼드한 귀걸이 또는 중간 길이의 드롭 귀걸이

• 목걸이

- 브이넥 의상: 얇고 긴 팬던트 목걸이 추천
- 라운드넥 의상: 짧은 초커 스타일이나 볼드한 네크리스 추천
- 오프 숄더 의상: 화려한 네크리스로 포인트

TIP

골드 컬러 주얼리는 웜톤 피부에, 실버 컬러 주얼리는 쿨톤 피부에 잘 어울립니다.

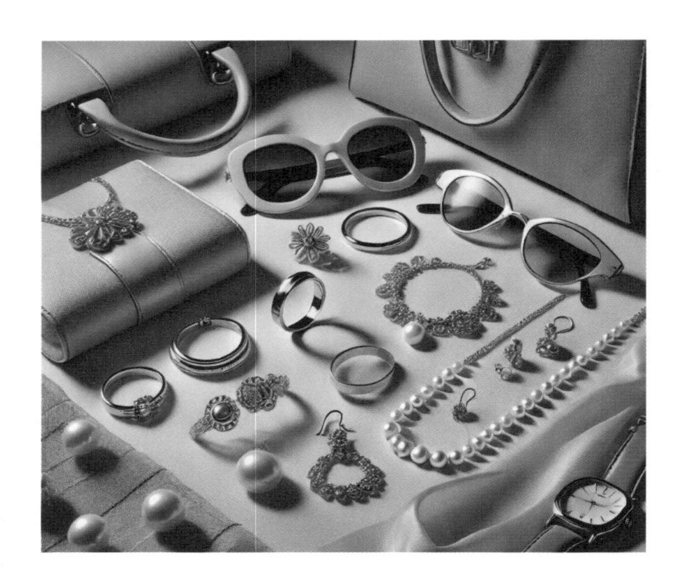

가방 - 스타일별 추천 아이템

- 포멀룩: 블랙, 네이비, 베이지 컬러의 미니멀한 토트백이나 숄더백이 이상적
- 캐주얼룩: 크로스백, 미니백, 버킷백이 잘 어울리며 컬러 포인트를 줄 수 있음
- 트렌디룩: 볼드한 체인 스트랩 백이나 독특한 디자인의 미니 백 추천

TIP

너무 큰 가방은 키가 작아 보일 수 있으므로 적절한 크기를 선택하세요.

선글라스 - 스타일링과 얼굴형에 맞게 선택

- 페미닌 룩: 캣아이 선글라스, 오버사이즈 선글라스 추천
- 캐주얼 룩: 라운드 선글라스

스카프 - 우아함과 세련미를 더하는 아이템

- 넥 스카프: 심플한 의상에 컬러 포인트를 줄 때 유용
- 헤어 스카프: 로맨틱한 분위기를 연출하고 싶을 때 추천
- 백에 묶는 스카프: 고급스러운 무드를 더할 때 활용 가능

TIP

실크 소재의 스카프는 고급스럽고 세련된 느낌을 주며, 면 소재는 캐주얼한 분위기를 연출합니다.

향수 :
보이지 않는 액세서리

당신의 향기가 당신을 말해줍니다.

"향수는 보이지 않지만 잊혀지지 않는
패션의 궁극적인 액세서리다. 향수는 당신이
도착했음을 알리고, 떠나고 나서는 여운을 남긴다."
- 코코샤넬 -

향기는 보이지 않는 스타일

우리는 외모를 말할 때 주로 시각적인 요소에 집중하지만, 후각은 우리가 생각하는 것보다 훨씬 강력한 영향력을 가집니다. 향기는 상대방에게 보이지 않지만, 기억에 오래 남고 강렬한 인상을 남길 수 있는 중요한 요소입니다. 패션 아이템을 넘어 개인의 이미지와 브랜드, 나의 성격과 이미지, 그리고 전문성을 나타냅니다. 좋은 향기는 자존감을 높이고, 타인에게 긍정적인 인상을 주며, 성공적인 관계를 맺는 데 큰 도움을 줍니다. 외모뿐만 아니라 향기도 실력입니다. 나에게 맞는 향수를 찾고 전략적으로 활용해 보세요. 향이 곧 나를 말해 줄 것입니다.

많은 성공한 사람들은 자신의 향을 전략적으로 활용합니다. 비즈니스 미팅에서 은은한 향기는 신뢰감을 주고, 자신감을 배가하는 역할을 합니다. 또한 사람들은 특정 향기를 맡으면 특정한 감정을 느끼기 때문에, 적절한 향수를 선택하는 것은 하나의 커뮤니케이션 도구가 될 수 있습니다.

퍼스널 브랜딩으로서 향수

• 전문적인 이미지

깔끔하고 정제된 향은 신뢰감을 주고, 일에 대한 진지함을 나타냅니다. 예를 들어, 우디Woody 계열이나 시트러스 계열의 향수는 깔끔하고 세련된 인상을 줍니다.(면접이나 중요한 비즈니스 미팅)

• 부드러운 카리스마

따뜻한 바닐라, 머스크 향은 부드럽고 친근한 느낌을 주어 대인관계를 원활하게 만듭니다.(사회적 네트워킹 자리)

• 독창적인 개성 표현

플로럴 계열이나 스파이시한 향은 개성을 강조하며, 창의적인 직업을 가진 분들에게 잘 어울립니다.(프레젠테이션이나 강연)

향기에도 T.P.O가 있다

향수를 사용할 때는 'T.P.O Time, Place, Occasion'를 고려해야 합니다. 계절에 따라, 상황에 따라 적절한 향을 선택하는 것이 중요합니다. 여름에는 가벼운 시트러스 계열이 좋고, 겨울에는 따뜻한 머스크나 오리엔탈 계열의 향수가 어울립니다. 또한, 공식적인 자리에서는 은은한 향을, 캐주얼한 자리에서는 좀 더 개성 있는 향을 선택할 수 있습니다.

또한, 너무 진한 향은 상대에게 두통을 유발하고 불쾌감을 줄 수 있으므로 주의해야 합니다.

자신만의 시그니처 향수

자신만의 '시그니처 향수'를 정하면 타인에게 깊은 인상을 남길 수 있습니다. 지속적으로 같은 향을 사용하면, 사람들은 나를 향으로 기억하게 되고 이는 곧 강력한 퍼스널 브랜딩이 됩니다.

퍼스널 컬러:
나에게 맞는 색이 성공을 만든다

퍼스널 컬러란?

퍼스널 컬러는 개개인이 타고난 색을 의미하며, 퍼스널 컬러 진단은 사람의 피부색과 눈동자 색, 머리카락 색 등을 분석하여 색온도, 명도, 채도로 분류한 다음 가장 잘 어울리는 색을 찾아 주는 일입니다. 색온도는 웜과 쿨인데 말 그대로 웜톤은 노란 기운이 많은 따뜻한 색이고, 쿨톤은 차가운 푸른 기운을 가지고 있는 색입니다. 모든 색은 따뜻한 색과 차가운 색으로 분류되는데 사람의 피부색도 색이기 때문에 어울리는 색이 존재하고 모두 다릅니다.

어울리는 색을 알고 적용하면 피부색의 장점을 극대화하고, 개인에게 가장 잘 어울리는 의복, 화장품, 액세서리를 선택할 수 있습니다. 이를 통해 자신감 있고 긍정적인 이미지를 연출할 수 있습니다.

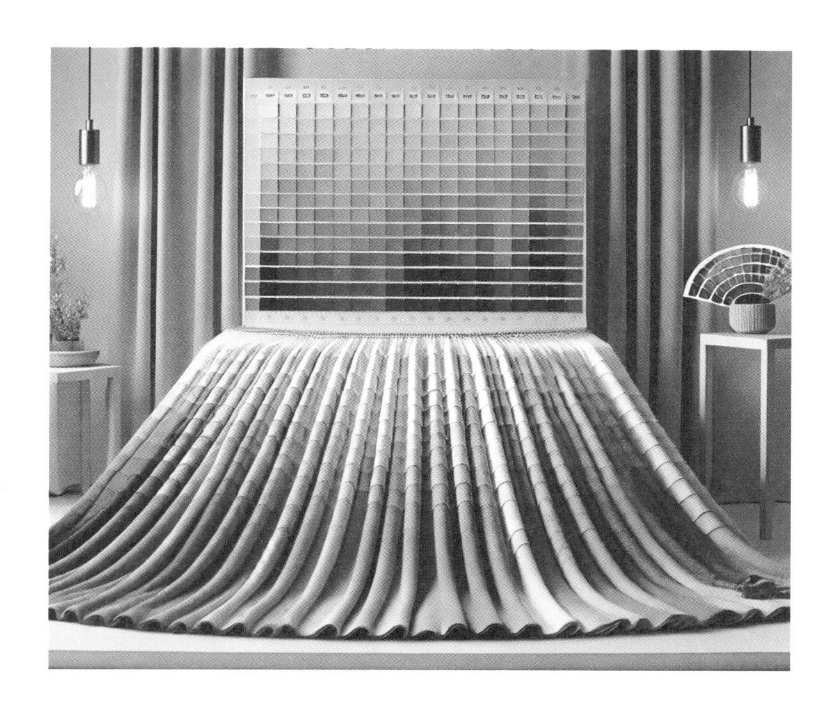

퍼스널 컬러, 왜 2030 세대가 주목할까?

최근 몇 년간 퍼스널 컬러에 대한 관심이 폭발적으로 증가했습니다. 특히 20~30대 젊은 세대를 중심으로 자신에게 어울리는 색을 찾고, 스타일링에 활용하려는 움직임이 두드러지는데요.

대학에서 강의를 하며 20대 초반 학생들에게 퍼스널 컬러에 대해 아는지 물어보면, 60% 이상이 잘 알고 있고, 30%는 이미 비용을 들여 진단을 받았다고 답할 정도로 높은 관심을 보이고 있습니다. 흥미로운 점은 남녀를 불문하고 많은 학생이 퍼스널 컬러에 주목하고 있다는 것입니다.

그렇다면, 왜 이렇게 퍼스널 컬러가 주목받고 있을까요?

퍼스널 컬러 붐, 왜 일어났을까?

• SNS와 유튜브의 영향

- 인스타그램, 유튜브, 틱톡 등에서 퍼스널 컬러 관련 콘텐츠가 급격히 늘어나면서 대중적인 관심이 커졌습니다.
- 실제 진단 과정, 테스트 방법, 컬러별 스타일링 팁 등이 빠르게 확산하면서 2030 세대에게 더욱 친숙해졌습니다.

• 뷰티 & 패션 산업과의 연계

- 화장품 브랜드들은 '웜톤 립스틱', '쿨톤 섀도우' 등의 컬러 분류를 적극적으로 활용하여 상업화하고 있습니다
- 패션업계에서도 '톤온톤 스타일링', '퍼스널 컬러 맞춤 스타일' 같은 키워드가 자연스럽게 자리 잡았습니다.

• 개인 맞춤형 소비 트렌드

- 개인화 시대의 요즘 소비자들은 '나에게 딱 맞는 제품'을 원하며 비스포크 같은 가전제품부터 화장품, 옷, 액세서리까지 자신에게 맞는 컬러를 기준으로 쇼핑하는 문화가 자리 잡고 있습니다.

퍼스널 컬러 진단, 꼭 필요할까?

퍼스널 컬러 진단 비용은 보통 10만 원 안팎으로, 2030 세대에게는 적지 않은 금액입니다. 그럼에도 불구하고 많은 사람이 시간과 비용을 들여 진단을 받는 이유는 무엇일까요?

• 나를 더 돋보이게 만드는 색을 알 수 있다

- 옷: 상의 컬러를 퍼스널 컬러에 맞추면 얼굴이 화사해 보입니다.
- 메이크업: 립스틱, 블러셔, 아이섀도도 퍼스널 컬러에 맞춰 선택하면 자연스럽고 세련된 느낌을 연출할 수 있습니다.
- 헤어 & 액세서리: 머리 염색이나 가방, 신발, 주얼리도 퍼스널 컬러를 고려하면 더 조화로운 스타일링이 가능합니다.

• 비효율적인 쇼핑을 줄일 수 있다

색이 예뻐서 샀는데 막상 입으니 어울리지 않은 경험 있으시죠? 퍼스널 컬러를 알고 나면 충동구매를 줄이고, 오래 입을 수 있는 아이템을 선택할 수 있습니다.

• 자신감 있는 이미지 관리가 가능하다

면접, 직장 생활, 중요한 자리에서 나를 더 돋보이게 하는 색을 활용하면 좋은 인상을 남길 수 있습니다.

앞으로 퍼스널 컬러 트렌드는 어떻게 변할까?

퍼스널 컬러는 한시적인 유행을 넘어, 이미지 메이킹의 필수 요소가 되어가고 있습니다.

• 단순한 4계절 진단에서 세부적인 맞춤 컨설팅으로 확장

기존의 '봄/여름/가을/겨울' 구분에서 더 세밀한 분석이 이뤄지고 있습니다. 개개인의 분위기, 직업, 스타일까지 고려한 맞춤형 컨설팅이 더욱 인기를 끌 전망입니다.

• 남성들의 관심 증가

여성 중심의 트렌드에서 이제는 남성들도 적극적으로 퍼스널 컬러를 활용하고 있습니다. 남성 패션, 메이크업, 헤어 컬러 선택에도 퍼스널 컬러가 중요한 요소가 되고 있습니다.

• AI 및 온라인 퍼스널 컬러 진단 도구 발전

앱이나 AI 기술을 활용한 비대면 퍼스널 컬러 진단 서비스가 증가

할 가능성이 높습니다.

퍼스널 컬러 진단은 어떻게?

전문가에게 진단받거나, 간단한 테스트를 통해 내게 어울리는 색을 찾아볼 수 있습니다. 보통 4계절 '봄 웜, 여름 쿨, 가을 웜, 겨울 쿨'로 나누어 진단하는데, 각각 다른 색상이 어울립니다. 색온도로 분류하고 나면 다시 밝기에 따라 명도로 구분하고 이에 따라 사용하는 색의 톤과 이미지가 완전히 달라집니다.

퍼스널 컬러는 1차 웜쿨, 2차 4계절로 나누고 다시 3차 8타입으로 분류합니다. 진단하는 전문가에 따라 더 세분화할 수 있습니다. 완전한 웜톤과 쿨톤 사이에는 많은 색이 분포하기 때문에 어느 쪽에도 치우치지 않는 중간형(뉴트럴 톤)도 존재합니다.

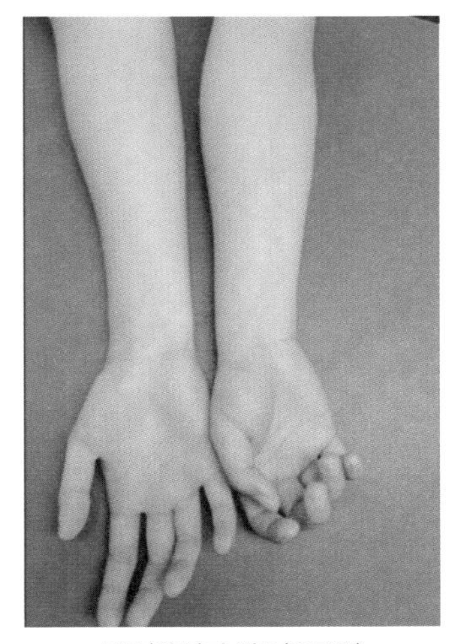
쿨톤(왼쪽)과 웜톤(오른쪽)

셀프 진단도 가능하지만 디테일한 진단을 원할 경우, 전문가에게 컨설팅 받는 것을 추천합니다. 전문가의 진단 프로세스는 1. 육안 진단 2. 피부 톤 진단 가이드 대조 3. 진단천 드레이핑 등 1시간 이상 도구로 테스트하고 결론을 내립니다.

- 피부 톤은 단순히 '노랗다, 하얗다'가 아니라 쿨톤(핑크 기운)과 웜톤(노란 기운)으로 나뉘고, 명도(밝기)에 따라서도 차이가 있습니다.
- 한국인은 보통 중간보다 밝은색을 갖고 있는 경우가 많습니다.
- 웜톤은 봄과 가을, 쿨톤은 여름과 겨울로 분류합니다.

웜톤 warm tone

봄 타입(spring type)

따뜻하고 밝은 톤, 아이보리 복숭아빛을 가진 피부이며, 눈동자는 밝은 갈색, 헤어는 밝은 갈색이나 금빛이 어울립니다. 명도가 가을 타입에 비해 높습니다.

노란빛이 돌고 혈색이 여름 타입보다 없으며 라이트와 클리어로 구분됩니다.

가을 타입(autumn type)

따뜻하고 깊은 톤, 피부 톤은 골든 베이지나 올리브 톤이 강하며 눈동자는 짙은 갈색이나 호박색입니다. 헤어 컬러는 짙은 갈색이나 구리빛이 어울립니다.

봄 타입보다 명도가 낮으며 뮤트와 딥 타입으로 나뉩니다.

쿨톤 cool tone

여름(summer type)

차갑고 부드러운 톤, 피부 톤은 핑크 베이지나 로지한 느낌이 강하며, 눈동자는 회색빛이 도는 연한 갈색입니다. 헤어 컬러는 애쉬 브라운이나 차분한 갈색이 어울립니다.

피부가 얇으면서 멜라닌의 활동성이 적고 노란 기운이 많지 않은 타입은 대표적인 쿨 썸머 라이트에 속합니다.

붉은 기운이 많은 경우 주로 쿨톤 여름 뮤트에 속하는데 명도는 중명도며 탁한 회색조가 잘 어울립니다.

겨울(winter type)

차갑고 선명한 톤, 피부 톤은 창백한 화이트나 아예 검은 빛 도는 톤이며, 눈동자는 짙은 갈색이나 검은색에 가까운 유형이 많습니다. 헤어 컬러는 짙은 갈색이나 블랙, 블루 블랙이 어울립니다.

창백한 흰 피부는 고채도의 비비드한 차가운 색이 잘 어울리고, 어두운 피부는 검은빛 도는 다크톤이 어울립니다.

한국인의 피부색과 퍼스널 컬러

사람의 피부색은 헤모글로빈, 멜라닌, 카로틴이라는 3가지 색소가 결정하는데, 사람마다 가지고 있는 색소의 양이나 피부 두께에 따라 표현되는 색이 조금씩 다릅니다.

색온도(웜, 쿨), 명도(밝고 어두움), 채도(선명도)의 차이가 있습니다.

헤모글로빈은 핏속에 있는 혈색소이고, 멜라닌은 표피의 기저층에 존재하며 명도, 즉 피부의 밝기를 좌우합니다. 머리카락, 눈동자 특히, 체모에 많이 있으며 자외선을 차단하는 커튼 같은 역할을 합니다. 사람마다 활동량이 다르므로 동양인의 경우 어떤 사람은 잠시만 햇볕을 쬐도 쉽게 타고, 어떤 사람은 장시간 햇볕에 노출되어도 붉게 달아오르기만 하고 태닝이 잘 안됩니다.

카로틴은 표피의 유극층에 존재하며 당근, 귤, 감 등의 녹황색 채소나 과일을 먹으면 그 색소가 표피에 남아 노란색을 띠게 됩니다. 멜라닌처럼 사람마다 활성화되는 정도가 달라 같은 양을 섭취해도 노란 기운은 저마다 다릅니다.

전 세계적으로 흑인, 백인, 아시아인 등 인종마다 피부색에 큰 차이가 있고, 같은 흑인이라도 피부색이 조금씩 다릅니다. 팬톤 색채에서는 지구상 인종의 피부색을 100가지 이상 분류하고 있습니다. 아시아인들도 피부색이 다양하며, 한국인의 피부는 일반적으로 노랗다고 생각하지만, 실제로는 희고 붉은 기운이 도는 쿨톤이 더 많다는 연구 결과도 있습니다.

• 피부 톤을 결정하는 요소는 헤모글로빈(붉은 기운), 멜라닌(피부의 밝기), 카로틴(노란 기운)

한국에서 21호가 가장 많이 팔리는 이유

한국에서 파운데이션 21호가 가장 많이 선택되는 이유는 단순히 피부색 때문만은 아닙니다. 사람마다 피부 톤이 다르지만, 21호는 평균적으로 가장 무난하고 많은 사람에게 잘 맞는 컬러라서 가장 많이 사용됩니다. 그러나 반드시 21호만 선택해야 하는 것은 아닙니다.

자신의 피부 톤과 명도를 고려해 테스트해 보고, 가장 자연스럽게 어우러지는 컬러를 선택하는 것이 중요합니다.

파운데이션을 선택할 때는 단순히 유행보다는 본인의 피부 톤을 정확히 이해하는 것이 더 좋은 방법입니다.

TIP

자신에게 맞는 파운데이션 테스팅은 턱선에 발라보고 피부색보다 한 톤 정도 밝은 색을 선택하는 것이 요령입니다.

• 한국 여성의 평균 피부색과 가장 가깝다

21호는 너무 밝지도, 너무 어둡지도 않아 가장 무난한 컬러입니다.

• 핑크/뉴트럴/옐로우 베이스가 다양하다

같은 21호라도 브랜드마다 핑크톤, 뉴트럴톤, 옐로우톤으로 출시되어 대부분의 피부 톤에 맞출 수 있습니다.

• 가장 다양한 제품이 출시된다

21호는 대부분의 브랜드에서 기본 컬러로 출시되기 때문에, 다양한 텍스처와 제형을 선택할 수 있습니다.

• 미백 트렌드의 영향이 있다

한국에서는 '맑고 깨끗한 피부'를 선호하는 경향이 있어, 실제 피부보다 살짝 밝은 컬러를 선택하는 경우가 많습니다.

꼭 21호만 써야 할까?

최근에는 퍼스널 컬러에 맞춰 파운데이션을 고르는 사람들도 많아지고 있습니다.

쿨톤(핑크 기운)이 강하다면 → 쿨 베이지 컬러 추천

웜톤(노란 기운)이 강하다면 → 웜 베이지 컬러 추천

살짝 어두운 컬러를 선호한다면 → 23호

메이크업 :
자신감을 상승시키는 예술

유명 메이크업 아티스트 이사배는 "메이크업은 매일 다른 나를 만날 수 있는 가장 빠르고 확실한 놀이다"라고 말합니다. 그녀에게 화장하는 일은 놀이이며, 일이고 삶입니다.

저는 메이크업은 상황에 따라 모양과 색을 다양하게 연출할 수 있는 예술이며, 비포 애프터가 확실하게 변하는 매직과 같다고 자신 있게 말할 수 있습니다. 스무 살 이후 메이크업을 시작하면서 훨씬 더 나은 제 모습을 연출하고 외모에 자신감을 얻었습니다. 그 매력에 푹 빠져 결국 메이크업 전문가가 되었지요. 저에게도 메이크업은 여전히 즐거운 놀이이며 일입니다.

메이크업이 주는 힘, 자신감

MBC 프로그램 '나혼자 산다'에 설현(아이돌 출신의 가수겸 배우)이 출현하여 화장기 없는 민낯으로 자신의 라이프스타일을 공개했습니다. 건강하고 군살 없는 피지컬과 맨얼굴도 신선하고 깨끗하다 생각했는데, 설현이 지인들과 실내 클라이밍을 즐기러 나가면서 화장을 하는 장면이 나오고, 인터뷰하면서 하는 말이 인상적이었습니다.

설현 본인은 화장에 있어 눈썹이 중요하다고 말합니다. 외출할 때 눈썹만은 꼭 그리는데 안 그리면 옷을 안 입은 것 같고, 상대의 눈을 못 마주친다고 하는 말에 백배 공감했습니다.

많은 사람이 메이크업을 통해 자신의 단점을 보완하고, 더 매력적으로 보이길 원합니다. 그리고 실제로 메이크업을 한 날은 그렇지 않은 날보다 자신을 긍정적으로 바라보고, 사람들과의 만남에서도 더 당당해지는 경향이 있습니다.

한 연구에서도 메이크업이 단순한 외적 변화뿐만 아니라, 내적인 변화에도 긍정적인 영향을 미친다고 밝혀졌습니다. '화장 테라피'라는 용어가 있을 정도로 화장을 하는 일은 특히 여성들에게 심리적 효과를 줍니다. 그러니까 메이크업은 '꾸밈' 이상으로 자기 자신을 더 사랑하고, 자신에게 확신을 주는 방법 중 하나인 것입니다.

중요한 발표나 면접을 앞두고 메이크업을 하고 거울을 봤을 때, 평소보다 더 자신감이 생기는 경험, 다들 있으시죠? 메이크업은 자신을 준비시키고 더 당당하게 만들어주는 힘이 있습니다. 그렇다고 톤이 무조건 화려해야 한다는 뜻은 아닙니다. 가볍게 피부 톤만 정돈해도, 아니면 립 컬러 하나만 더해도 기분이 확 달라질 때가 있습니다. 중요한 건 나에게 맞는 스타일을 찾고, 그걸 즐기는 것입니다.

호감 가는 첫인상을 위한 메이크업

메이크업은 상대방에게 긍정적인 인상을 남기는 중요한 요소 중 하나입니다.

잘 정돈된 메이크업은 단정하고 깔끔한 이미지를 주고, 상대방에게 신뢰감을 심어줄 수 있습니다. 연구에 따르면, 메이크업을 한 사람은 그렇지 않은 사람보다 더 신뢰할 수 있고, 전문적으로 보인다는 평가를 받는 경우가 많다고 합니다. 그래서 직장 면접이나 중요한 비즈니스 미팅에서 메이크업이 큰 역할을 합니다. 나를 더 돋보이게 하고 긍정적인 이미지를 형성하는 하나의 전략이 되는 것입니다.

스마트한 메이크업의 활용

같은 사람이더라도 어떤 스타일을 연출하느냐에 따라 분위기가 달라 보입니다. 그래서 직장인들은 프로페셔널한 느낌을 주기 위해, 창업자들은 신뢰감을 강조하기 위해, 사회 초년생들은 밝고 생기 있는 인상을 만들기 위해 메이크업을 활용합니다.

그러나 너무 진한 화장은 과유불급입니다. 장점을 살리고 약점을 커버하는 정도로 강약을 잘 조절해야 합니다. 간혹 무대화장처럼 화장을 진하게 한 여성을 보면 부담스러운 경우가 있습니다.

진한 화장은 장시간 유지하기도 어려울 뿐만 아니라 피부 건강에도 좋지 않으며, 오히려 탁하게 보이므로 아름다움과는 멀어지게 됩니다.

감정을 표현하는 메이크업

메이크업을 하면 기분이 달라지는 경험 있으시죠? 사실 메이크업은 감정을 표현하는 수단이기도 합니다. 오늘 기분이 어떤지, 어떤 분위기를 연출하고 싶은지에 따라 메이크업 스타일이 달라집니다.

예를 들어, 밝고 화사한 색상의 립스틱을 바르면 얼굴이 환해 보이고, 기분도 한층 업되는 느낌이 듭니다. 반대로 딥한 컬러를 선택하면 차분하고 세련된 분위기를 연출할 수 있습니다. 아이라인을 강하게 그리면 카리스마가 느껴지고, 자연스러운 톤을 사용하면 부드럽고 편안한 인상을 줄 수도 있습니다.

이처럼 메이크업은 나를 표현하는 하나의 언어와 같습니다. 내가 원하는 이미지를 만들고, 내 기분을 색과 스타일로 담아내는 과정 자체가 하나의 '자기표현'이 됩니다.

문화에 따라 달라지는 메이크업 스타일

메이크업은 각 나라와 문화에 따라 다르게 해석되고 적용됩니다. 예를 들어, 아시아에서는 자연스러운 피부 표현과 은은한 색감이 강조되는 반면, 서구에서는 또렷한 색조와 대담한 메이크업이 인기입니다.

이런 차이는 유행을 떠나서, 각 문화가 중요하게 여기는 미적 기준과 가치관을 반영합니다. 한국에서는 '꾸안꾸(꾸민 듯 안 꾸민 듯)' 스타일이 유행하면서 투명한 피부 표현과 내추럴한 색조가 강조되지만, 미국이나 유럽에서는 컨투어링을 활용한 또렷한 윤곽과 강한 컬러가 트렌드가 되기도 합니다. 결국, 메이크업은 미(美)에 대한 각 문화의 관점을 담고 있습니다.

역사 속에서 이어진 메이크업의 의미

사실, 메이크업의 역사는 우리가 생각하는 것보다 훨씬 오래됐습니다. 고대 이집트에서는 눈가에 검은 콜eyeliner을 바르는 것이 신분을 나타내거나 종교적인 의미를 지니기도 했고, 고대 그리스와 로마에서는 피부를 창백하게 표현하는 것이 부유함과 우아함의 상징이었습니다.

이처럼 메이크업은 단순한 유행이 아니라, 시대와 사회의 변화에 따라 그 의미가 달라지며 발전해왔습니다. 지금도 각 나라의 전통 메이크업을 보면, 그들의 역사와 문화가 반영된 것을 알 수 있습니다.

나에게 맞는 메이크업, 어떻게 하면 좋을까?

메이크업은 나만의 매력을 찾아가고 자신감을 높이는 과정입니다. 하지만 어떤 스타일이 나에게 어울릴지, 어떻게 하면 자연스럽게 메이크업을 할 수 있을지 고민되는 경우가 많습니다.

피부 표현: 자연스러운 베이스 만들기

좋은 메이크업의 기본은 깨끗한 피부 표현입니다. 너무 두껍게 바르면 오히려 답답해 보일 수 있으니, 자연스럽고 가벼운 베이스를 연출하는 게 중요합니다.

• 스킨 케어

먼저 메이크업 전에는 수분 크림이나 프라이머로 피부를 촉촉하게 만들어줘야 파운데이션이 들뜨지 않습니다.

• 파운데이션 또는 쿠션 선택

피부 타입에 따라 촉촉한 쿠션이나 가벼운 파운데이션을 선택하면 좋습니다. 브러시나 퍼프를 이용해 얇게 레이어링하는 게 포인트.

• 컨실러로 부분 커버

잡티나 다크 서클이 신경 쓰인다면 컨실러를 소량만 사용해서 자연스럽게 커버.

• 파우더로 마무리

피부가 쉽게 번들거린다면 T존(이마, 코, 턱) 위주로 가볍게 파우더를 발라주면 지속력이 좋아집니다.

눈매를 살리는 아이 메이크업

눈은 얼굴의 분위기를 결정하는 중요한 부분입니다. 아이 메이크업을 어떻게 하느냐에 따라 부드러운 인상, 또렷한 인상 등 다양한 분위기를 연출할 수 있습니다.

• 아이브로 정리

눈썹 모양은 인상을 크게 좌우합니다. 최대한 헤어 색에 맞춰 자연스럽게 펜슬이나 전용 섀도우를 사용해 결을 따라 채워 줍니다.

• 아이섀도로 음영 주기

데일리 메이크업이라면 브라운, 코랄 계열의 부드러운 색을 사용하면 부담스럽지 않습니다. 밝은 컬러로 베이스를 깔고, 중간 톤으로 자연스럽게 음영을 넣어주면 깊이감이 생깁니다.

• 아이라인 & 마스카라

눈매를 또렷하게 하고 싶다면 아이라인을 점막을 따라 얇게 채워줍니다. 마스카라를 가볍게 바르면 눈이 더 또렷해 보이는 효과가 있습니다.

생기 있는 립 & 치크 연출

입술과 볼에 자연스러운 컬러를 더하면 얼굴에 생기가 돌면서 활기찬 인상을 줄 수 있습니다.

• 립 컬러 선택

피부 톤에 따라 잘 어울리는 립 컬러를 찾는 게 중요합니다.

- 웜톤: 코랄, 오렌지, 브릭 레드 계열 추천
- 쿨톤: 로즈 핑크, 플럼, 버건디 계열 추천

• 자연스러운 블러셔 활용

치크 컬러는 너무 진하게 바르면 부담스러울 수 있으니, 브러시로 살짝 두드려주듯 발라주세요. 립 컬러와 비슷한 계열로 맞추면 메이크업이 조화로워 보입니다.

메이크업 지속력 높이는 방법

• 베이스 제품을 얇게 바르기

여러 번 덧바르는 것보다 얇게 여러 번 레이어링하는 것이 지속력이 좋습니다.

• 픽서 사용하기

메이크업 마지막 단계에서 픽서를 뿌려주면 화장이 들뜨지 않고 오래 유지됩니다.

• 휴대용 제품 챙기기

외출할 때 립 제품과 블로팅 페이퍼(기름종이)를 챙겨 두면 수정 메이크업이 편리합니다.

웜톤 & 쿨톤 퍼스널 메이크업

나에게 맞는 퍼스널 컬러, 왜 중요할까?

메이크업을 할 때 '왜 어떤 색은 나와 잘 어울리고, 어떤 색은 얼굴이 칙칙해 보일까?' 고민해 본 적 있나요? 그 이유는 바로 퍼스널 컬러에 있습니다. 퍼스널 컬러는 피부의 톤에 따라 웜톤Warm Tone과 쿨톤Cool Tone으로 나뉘며, 각각의 톤에 어울리는 메이크업 컬러를 선택하면 얼굴이 더 생기 있어 보이고, 조화로운 인상을 줄 수 있습니다.

웜톤을 위한 메이크업

웜톤 피부는 따뜻하고 부드러운 컬러가 잘 어울립니다. 자연스럽고 건강한 인상을 주는 게 포인트입니다.

• 베이스 메이크업

- 웜톤은 노란빛이 도는 베이지, 아이보리 계열의 파운데이션이 잘 어울립니다.
- 너무 핑크빛이 도는 베이스 제품은 얼굴이 뜰 수 있으니 피하는 게 좋습니다.
- 피부 표현은 촉촉하고 생기 있는 윤광 피부로 연출하면 웜톤 특유의 따뜻한 분위기가 살아납니다.

• 아이 메이크업

- 아이섀도는 브라운, 코랄, 골드, 오렌지 베이지 계열이 잘 어울립니다.
- 자연스럽게 음영을 주고 싶다면 카멜 브라운, 따뜻한 브릭 컬러를 활용하면 깊이감이 살아납니다.
- 아이라인은 부드러운 브라운 계열을 추천.

• **블러셔 & 립 메이크업**

- 블러셔는 살구, 피치, 코랄 계열이 잘 어울립니다.
- 립 컬러는 오렌지 레드, 브릭 레드, 코랄, 살몬 핑크 계열을 선택하면 생기 있어 보입니다.

쿨톤을 위한 메이크업

쿨톤 피부는 차분하고 깨끗한 느낌의 컬러가 잘 어울립니다. 선명한 색감과 맑은 컬러를 활용하면 얼굴이 더 화사해 보입니다.

• 베이스 메이크업

- 쿨톤 피부는 핑크 베이스, 라이트 베이지 계열의 파운데이션이 잘 어울립니다.
- 노란기가 도는 제품보다는 맑고 투명한 느낌을 주는 제품이 좋습니다.
- 보송하고 깨끗한 피부 표현을 하면 쿨톤 특유의 청량한 분위기가 돋보입니다.

• 아이 메이크업

- 아이섀도는 핑크, 모브, 라벤더, 로즈 브라운, 쿨 브라운 계열이 잘 어울립니다.
- 또렷한 눈매를 원한다면 딥 퍼플, 버건디, 차가운 브라운 계열을 활용해 음영을 주면 좋습니다.
- 아이라인은 블랙 또는 딥 브라운 컬러를 사용하면 눈매가 더 또렷합니다.

• 블러셔 & 립 메이크업

- 블러셔는 쿨 핑크, 베이비 핑크, 라벤더 핑크 계열이 잘 어울립니다.
- 립 컬러는 푸시아 핑크, 체리 레드, 라즈베리 핑크, 버건디 같은 맑고 선명한 색상이 쿨톤의 투명한 피부 톤과 잘 어울립니다.

퍼스널 컬러를 활용한 메이크업 꿀팁

퍼스널 컬러를 정확히 모르겠다면? 셀프 진단 팁

- 손목 혈관이 푸른빛이면 쿨톤, 녹색빛이면 웜톤일 가능성이 큽니다.
- 골드 액세서리가 어울리면 웜톤, 실버 액세서리가 어울리면 쿨톤일 확률이 높습니다.

웜톤 & 쿨톤의 믹스 매치

- 꼭 정해진 컬러만 써야 하는 건 아닙니다.
- 웜톤이라도 핑크 계열이 어울리는 경우가 있고, 쿨톤이라도 코랄이 잘 어울리는 경우가 있습니다. 나에게 어울리는 컬러를 직접 테스트하면서 조화로운 컬러 조합을 찾아보세요!

헤어 컬러와 의상도 퍼스널 컬러에 맞춰 보세요

- 웜톤: 따뜻한 브라운, 골드 브라운, 오렌지 브라운
- 쿨톤: 애쉬 브라운, 다크 초콜릿, 블루 블랙

남성 메이크업, 이제는 선택이 아닌 '관리'의 한 부분

과거에는 메이크업이 여성들의 전유물이거나 연예인들만 한다는 인식이 강했지만, 최근에는 남성들도 외모 관리의 연장선으로 자연스럽게 메이크업을 받아들이고 있습니다. 특히 취업, 비즈니스, SNS 활동이 활발해지면서 깔끔한 피부 표현과 정돈된 인상이 필요해졌습니다.

남성의 메이크업에 대한 인식 변화

• 과거 vs 현재 인식 비교

- 과거: "남자가 무슨 화장?" → 메이크업을 하면 지나치게 꾸민다는 인식이 강함.
- 현재: "기본적인 자기 관리" → 피부 보정, 눈썹 정리 등을 자연스럽게 받아들이는 분위기.

남성이 메이크업을 하는 이유

"자연스럽게 피부가 좋아 보이고 싶어서"

"피곤해 보인다는 말을 듣지 않기 위해"

"중요한 미팅이나 면접에서 신뢰감을 주기 위해"

"사진이나 영상 촬영 시 더 잘 나오기 위해"

인식 변화의 주요 원인

• 취업 및 비즈니스 경쟁력 강화

면접, 프레젠테이션, 고객 응대 등에서 깔끔한 외모가 신뢰도를 높이는 요소로 작용.

• SNS & 미디어 영향

유튜브, 인스타그램 등에서 남성 메이크업 콘텐츠가 활성화되며 대중적 인식이 변화.

• Z세대의 뷰티 인식 변화

젊은 세대일수록 성별 구분 없이 '셀프케어'와 '퍼스널 브랜딩'의 일환으로 메이크업을 활용.

• 남성 뷰티 시장 성장

글로벌 화장품 브랜드들이 남성용 메이크업 제품을 적극 출시하며 접근성을 높임.

남성 메이크업 트렌드 - 꾸안꾸 생얼 같은 메이크업 '자연스러움'이 핵심

최근 남성 메이크업의 가장 큰 특징은 티 나지 않는 자연스러운 보정입니다. 과거에는 단순한 BB크림 사용 정도였다면, 이제는 피부 톤 보정, 눈썹 정리, 립 컬러 연출까지 세분화한 단계로 발전했습니다.

- 가벼운 베이스 메이크업→ 무겁지 않은 톤업 크림, BB/CC크림 사용으로 깨끗한 피부 연출
- 컨실러 활용→ 다크서클, 잡티, 홍조만 부분적으로 커버하는 방식 선호
- 눈썹 정리 필수→선명한 인상을 위해 자연스럽게 눈썹 모양 정리
- 립 케어 & 립 컬러 강조→ 입술이 창백하면 피곤해 보이므로 컬

러 립밤이나 틴트 활용 증가

남성 메이크업 시장의 성장

글로벌 시장 조사에 따르면, 남성용 쿠션 팩트, 컨실러, 아이브로 등 제품의 판매량이 증가하고 있으며, 남성용 화장품 시장은 연평균 5~7%의 성장률을 기록 중이라 합니다. 특히 한국, 일본, 중국 등 아시아 지역에서 남성 메이크업 제품의 인기가 높아지고 있습니다. 이에 발맞춰 브랜드들은 기존 여성용 제품에서 확장된 '젠더 뉴트럴'이나 남성 전용 메이크업 제품을 출시하고 있습니다. 그리고 화장품 브랜드에서 남성 모델 기용이 증가하면서 화장하는 남성 이미지가 자연스럽게 자리 잡았습니다. 앞으로도 남성 메이크업은 일상 속 관리 루틴으로 지속될 것입니다.

네일 케어: 손이 깔끔하면 귀해 보인다

관리된 손톱도 외모다: 손톱 관리는 왜 필요할까?

• 위생 유지

손톱은 세균과 먼지가 쌓이기 쉬운 부위입니다. 정기적인 네일케어를 통해 손톱과 손가락 사이의 청결을 유지할 수 있으며, 이는 감염 예방에 도움이 됩니다.

• 자신감 향상

깔끔하게 관리된 손톱은 개인의 이미지를 개선하고, 자신감을 높여줍니다. 특히 중요한 자리나 모임에서 잘 정돈된 네일은 긍정적인 인상을 줄 수 있습니다.

• **건강한 손톱 유지**

네일케어는 손톱의 건강을 유지하는 데 필수적입니다. 손톱을 자주 다듬고 보습을 해주면 손톱이 부서지거나 갈라지는 것을 예방할 수 있습니다.

남성의 손톱 관리

• **정기적인 손톱 깎기**

손톱이 너무 길어지지 않도록 정기적으로 깎아주세요. 일반적으로 1-2주에 한 번 정도가 적당합니다.

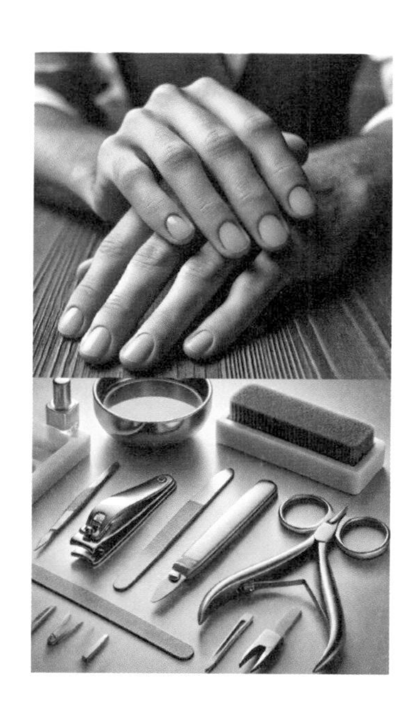

• 손톱 파일 사용

손톱을 깎은 후에는 손톱 파일로 가장자리를 부드럽게 다듬어 주면 좋습니다. 이렇게 하면 손톱이 깨지거나 갈라지는 것을 방지할 수 있습니다.

• 보습

손과 손톱에 보습제를 사용하여 건조함을 방지하세요. 특히 손을 자주 씻거나 세정제를 사용할 경우 더욱 중요합니다.

• 손톱 청결 유지

손톱 밑에 먼지나 이물질이 쌓이지 않도록 주의하고, 필요할 때마다 깨끗이 씻어주세요.

• 영양 섭취

손톱 건강을 위해 비타민과 미네랄이 풍부한 음식을 섭취하세요. 특히 비타민 B, 비타민 E, 아연 등이 도움이 됩니다.

• 손톱에 과도한 스트레스 주지 않기

손톱을 물어뜯거나 과도하게 힘을 주는 행동은 손톱에 손상을 줄 수 있으니 피하는 것이 좋습니다.

• **네일 케어 제품 사용**

필요에 따라 손톱 강화제나 영양제를 사용해 손톱을 더욱 건강하게 유지할 수 있습니다.

여성의 손톱 관리

손톱 관리는 아름다움과 위생을 유지하는 데 중요한 요소입니다.

• **정기적인 손톱 다듬기**

손톱을 정기적으로 다듬어 주어 길이를 유지하고, 손톱이 부러지지 않도록 합니다.

• **보습**

손과 손톱에 보습제를 사용하여 건조함을 방지하고, 손톱이 부서지지 않도록 합니다.

• **영양 섭취**

비타민과 미네랄이 풍부한 식사를 통해 손톱 건강을 유지합니다. 특히 비타민 B, 비타민 E, 아연 등이 중요합니다.

• **네일 폴리시와 제거제 사용 주의**

네일 폴리시를 사용할 때는 품질 좋은 제품을 선택하고, 제거제는 아세톤이 없는 제품을 사용하는 것이 좋습니다.

• 손톱 보호

집안일이나 작업을 할 때 장갑을 착용하여 손톱이 손상되지 않도록 보호합니다.

• 정기적인 손톱 관리

네일 샵에서 전문적인 손톱 관리 서비스를 받거나, 집에서 스스로 매니큐어와 페디큐어를 해주는 것도 좋습니다.

• 손톱에 무리한 힘 가하지 않기

손톱을 도구처럼 사용하지 않도록 주의합니다.

네일 컬러와 퍼스널 컬러의 관계

• 손 피부 톤과 네일 컬러 조화

손 피부 톤과 네일 컬러의 조화도 중요합니다. 손이 어두운 편이라면 너무 밝은 컬러보다는 차분한 컬러가 더 자연스러울 수 있고, 피부가 밝다면 다양한 컬러 선택이 가능합니다.

• 네일 길이와 디자인

네일 길이와 디자인에 따라 컬러의 느낌이 달라집니다. 짧은 손톱에는 부드러운 색상이 잘 어울리고, 긴 손톱에는 강렬한 컬러가 더욱 돋보일 수 있습니다.

• 퍼스널 컬러에 맞춘 네일 컬러 선택

손을 더욱 아름답게 보이게 해줄 뿐만 아니라, 전체적인 스타일과 조화를 이루는 데 중요한 역할을 합니다. 자신의 컬러 타입을 이해하고 적절한 컬러를 선택하면 더욱 세련된 인상을 연출할 수 있습니다.

• 네일 컬러 선택 시 고려할 또 다른 요소

퍼스널 컬러 외에도 계절과 분위기에 맞춰 네일 컬러를 선택하면 더욱 멋스럽습니다.

- 봄, 여름: 밝고 경쾌한 컬러 (코랄, 핑크, 라벤더, 스카이 블루)
- 가을, 겨울: 깊이 있는 컬러 (버건디, 브라운, 다크 오렌지, 네이비)

웜톤과 쿨톤에 어울리는 네일 컬러

웜 톤Warm Tone 네일

봄 웜(Spring Warm)

밝고 화사한 피부 톤을 가진 분들이 많고, 골드 주얼리가 잘 어울립니다.

• 추천 네일 컬러

- 코랄Coral: 생기 있고 화사한 느낌
- 피치Peach: 부드럽고 따뜻한 느낌을 연출
- 살몬 핑크Salmon Pink: 손을 더 생기 있게 보여 줌
- 라이트 오렌지Light Orange: 활기찬 분위기를 연출
- 골드 펄Gold Pearl: 화사한 느낌을 강조

가을 웜(Autumn Warm)

차분하고 깊이 있는 피부 톤을 가진 분들이 많고, 브라운 계열이 특히 잘 어울립니다.

• 추천 네일 컬러

- 테라코타Terracotta: 따뜻하고 세련된 분위기를 연출
- 브라운Brown: 안정감 있고 차분한 느낌
- 카멜Camel: 클래식하고 우아한 인상을 줌
- 올리브 그린Olive Green: 고급스러운 분위기를 연출
- 다크 오렌지Dark Orange: 가을 특유의 따뜻한 색감을 강조

쿨 톤Cool Tone 네일

여름 쿨(Summer Cool)

부드럽고 뽀얀 피부 톤을 가진 분들이 많고, 실버 주얼리가 잘 어울립니다.

• 추천 네일 컬러

- 라벤더Lavender: 여성스럽고 우아한 느낌
- 베이비 핑크Baby Pink: 차분하고 청순한 인상을 연출
- 페일 블루Pale Blue: 세련되고 고급스러운 분위기를 줄 수 있음
- 연한 퍼플Light Purple: 부드럽고 우아한 느낌을 강조
- 실버 펄Silver Pearl: 쿨톤 피부의 투명감을 강조

겨울 쿨(Winter Cool)

선명한 피부 톤을 가진 분들이 많고, 강한 대비가 어울립니다.

• 추천 네일 컬러

- 버건디Burgundy: 강렬하고 세련된 분위기를 연출
- 딥 레드Deep Red: 우아하고 고급스러운 느낌
- 네이비 블루Navy Blue: 차분하면서도 세련된 분위기를 연출할 수 있음
- 차콜 그레이Charcoal Gray: 모던하고 도시적인 느낌

- 블랙Black: 강렬한 인상을 주면서 손을 더욱 돋보이게 함

컬러 브랜딩:
색을 알고 쓰면 백전백승

컬러란 무엇일까?

우리는 매일 컬러와 함께 살아갑니다. 눈을 뜨고 있는 동안 보이는 주변의 모든 것은 색으로 이루어져 있습니다. 그리고 필요한 색, 선호하는 색을 선택해 사용합니다.

응용 색채 심리학 분야의 권위자인 캐런 할러(Karen Haller)는 저서『컬러의 힘』에서 "색채는 직관적으로 이해할 수 있는 언어다. 우리가 착용하는 머리핀 같은 아주 작은 것들도 감정을 유발한다"고 말합니다. 액세서리나 신발, 네일 컬러, 모자 같은 작은 것부터 옷까지 사용하는 모든 것들의 색은 사용자의 생각과 감정을 표현하기 때문에 타인에게 영향을 미칩니다.

컬러는 우리가 보는 것 중 가장 강한 인상을 주는 요소입니다. 인간의 오감각 중 제일 발달한 감각이 시감각이며, 시감각 중에서도 색을 보는 능력이 매우 뛰어납니다. 색은 심미적으로 멋진 장식이 되기도 하지만, 우리의 감정과 행동, 그리고 생각에도 영향을 미칩니다. 그리고 컬러를 어떻게 활용하느냐에 따라 분위기가 완전히 달라질 수 있습니다.

예를 들어, 따뜻한 색은 활기차고 에너지를 주는 느낌을 주고, 차가운 색은 차분하고 안정된 분위기를 만들지요. 그래서 패션, 인테리어, 브랜드 디자인, 마케팅 등에서 컬러는 아주 중요한 역할을 합니다. 브랜드의 첫인상을 결정하기도 하고, 어떤 공간이 더 아늑하거나 세련돼 보이게 만들 수도 있습니다.

우리의 기분을 변화시키고 메시지를 전달하는 컬러, 알고 보면 정말 흥미롭습니다.

컬러의 물리적 효과

컬러는 우리의 눈, 신경, 두뇌에 영향을 미치며 다양한 신체 반응을 유도합니다.

- **따뜻한 색**Red, Orange, Yellow

- 신체 반응: 심박수 증가, 혈압 상승, 식욕 자극

- 느낌: 활력, 에너지, 따뜻함, 주목성 향상
- 활용 예시: 패스트푸드 브랜드(맥도날드, KFC)에서 레드와 옐로우 사용 → 식욕 증가

• **차가운 색**Blue, Green, Purple
- 신체 반응: 심박수 안정, 혈압 감소, 긴장 완화
- 느낌: 차분함, 편안함, 집중력 향상
- 활용 예시: 병원·의료기관에서 블루와 그린 사용 → 안정감과 신뢰감 전달

• **밝은색**White, Light Yellow, Pastel Tones
- 신체 반응: 공간이 넓어 보이는 효과, 시각적 개방감 증가
- 느낌: 깨끗함, 순수함, 상쾌함
- 활용 예시: 미니멀한 인테리어, 병원과 화장품 브랜드에서 많이 사용

• **어두운색**Black, Dark Blue, Dark Gray
- 신체 반응: 공간이 좁아 보이는 효과, 시각적 중압감 증가
- 느낌: 고급스러움, 깊이 있는 분위기, 집중력 향상
- 활용 예시: 고급 브랜드, 비즈니스 환경에서 블랙과 네이비 사용

컬러의 심리적 효과

- **레드**Red

- 심리적 효과: 강렬한 감정(열정, 사랑, 흥분) 유발, 주목도 상승, 식욕 증진

‖ 활용 예시 ‖

- 마케팅에서 긴급 세일·할인 표시 (예: "50% SALE" 레드 컬러)

- 패션에서 강렬한 인상을 주기 위한 포인트

- McDonald's, Coca-Cola, Ferrari

- **오렌지**Orange

심리적 효과: 따뜻함, 활력, 친근함, 창의성 증가

‖ 활용 예시 ‖

- 건강, 엔터테인먼트, 스포츠 브랜드

- 레스토랑 인테리어 (식욕을 자극하면서도 친근한 느낌)

- Fanta, Nickelodeon, Harley-Davidson

- **옐로우**Yellow

심리적 효과: 명랑함, 희망, 집중력 향상. 기쁨, 에너지, 낙관적 태도

‖ 활용 예시 ‖

- 경고 표지판(눈에 잘 띄기 때문) 주목성

- 패션·인테리어에서 밝고 생기 있는 분위기 연출

- IKEA, McDonald's, Snapchat

• **그린**Green

심리적 효과: 안정감, 자연 친화적 느낌, 치유, 스트레스 감소

‖ 활용 예시 ‖

- 친환경 브랜드

- 병원, 요가 센터 인테리어(편안한 느낌을 주기 위해)

- Starbucks, Whole Foods, Animal Planet

• **블루**Blue

심리적 효과: 신뢰감, 차분함, 집중력 증가, 지성

‖ 활용 예시 ‖

- 금융·테크, 의료 기업 브랜드→ 신뢰와 안정감 전달

- 오피스 공간에서 집중력 향상을 위한 벽지 색상

- Facebook, Samsung, IBM

• **퍼플**Purple

심리적 효과: 신비로움, 창의성, 우아함, 고급스러움 강조

‖ 활용 예시 ‖

- 뷰티 & 럭셔리 브랜드(캐드베리 초콜릿, 로레알)
- 예술적인 감성을 자극하는 디자인
- Cadbury, Hallmark, Twitch

• **블랙**Black

심리적 효과: 강렬함, 고급스러움, 권위적인 느낌. 세련됨, 미스터리

‖ 활용 예시 ‖

- 럭셔리 브랜드 → 고급스럽고 세련된 이미지 강조
- 비즈니스 패션(블랙 슈트) → 강한 인상과 신뢰감 전달
- Chanel, Nike, Apple

• **화이트**White

심리적 효과: 깨끗함, 순수함, 미니멀함

‖ 활용 예시 ‖

- 병원·의료 브랜드(청결함 강조), 화장품
- 인테리어에서 공간을 넓어 보이게 하는 효과
- Apple, Tesla, The North Face

• **브라운**Brown

심리적 효과: 따뜻함, 안정감, 클래식한 감성

‖ 활용 예시 ‖

- 카페 인테리어(아늑한 분위기 조성)

- 패션에서 내추럴하고 고급스러운 느낌 연출

- 친환경 브랜드

- UPS, Hershey's, Nespresso

컬러를 효과적으로 활용하는 방법

• 컬러 선택 시, 목적에 맞는 심리적 효과 고려하기

예) 브랜드, 패션, 인테리어에서 컬러를 전략적으로 사용

• 컬러 조합을 활용해 시각적 효과 극대화하기

예) 블랙+골드 = 럭셔리한 무드, 블루+화이트 = 신뢰와 청결 강조

• 컬러의 문화적 차이 고려하기

예) 서양에서는 화이트가 순수함을 뜻하지만, 일부 아시아 문화에서는 애도의 의미가 있음

컬러 이미지 & 활용

레드Red

레드Red는 열정, 사랑, 힘, 에너지, 강렬함을 상징하는 색상입니다. 가장 눈에 띄는 색 중 하나로, 강한 인상을 남기고 감정을 자극하는

효과가 있습니다. 레드는 클래식하면서도 대담한 컬러로 패션, 인테리어, 마케팅, 예술 등 다양한 분야에서 강렬한 포인트로 활용됩니다.

레드 이미지의 특징

색감과 톤

- 라이트 레드Light Red, Coral, Strawberry Red → 밝고 사랑스러운 감성
- 퓨어 레드Pure Red, Crimson, Scarlet → 강렬하고 강한 에너지 표현
- 다크 레드Dark Red, Burgundy, Wine Red → 깊이 있고 세련된 무드
- 네온 레드Neon Red, Fluorescent Red → 트렌디하고 대담한 스타일

구성 요소

- 패션: 레드 드레스, 레드 슈트, 세련된 레드 힐, 레드 가방
- 뷰티: 클래식 레드 립스틱, 레드 네일, 레드 톤 블러셔

- 자연 요소: 장미, 석양, 붉은 단풍, 불꽃
- 인테리어 & 디자인: 럭셔리한 레드 소파, 레드 벽지, 모던한 아트 오브제
- 테크 & 라이프스타일: 레드 컬러의 자동차, 가전 제품, 패션 액세서리
- 푸드 & 음료: 체리, 레드 와인, 딸기 케이크, 매운 음식

분위기 및 감성

- 강렬하고 에너제틱한 느낌: 주목받고 강한 인상을 남기는 스타일 연출
- 세련되고 고급스러운 분위기: 깊고 우아한 다크 레드 컬러 활용
- 로맨틱하고 감성적인 무드: 사랑과 열정을 강조하는 레드톤 사용
- 파워풀하고 대담한 감각: 자신감과 리더십을 상징하는 컬러

활용 가능 분야

- 패션 & 뷰티: 강렬하고 클래식한 스타일링 연출
- 브랜딩 & 마케팅: 강한 인상을 주고 싶은 브랜드 아이덴티티 구축
- 인테리어 & 공간 디자인: 고급스럽고 감각적인 분위기 조성
- 예술 & 광고: 강렬한 메시지 전달과 감성적인 비주얼 표현

오렌지Orange

오렌지Orange는 활기, 에너지, 창의성, 따뜻함을 상징하는 색상입니다. 따뜻한 태양 빛과 가을 단풍을 연상시키며, 긍정적이고 생동감 넘치는 분위기를 연출할 수 있습니다. 오렌지는 개성 강한 컬러로 패션, 인테리어, 마케팅, 예술 등 다양한 분야에서 주목받는 색입니다.

오렌지 이미지의 특징

색감과 톤

- 라이트 오렌지Light Orange, Peach, Apricot → 부드럽고 따뜻한 감성
- 브라이트 오렌지Bright Orange, Tangerine, Coral → 생동감 있고 활기찬 분위기
- 다크 오렌지Dark Orange, Amber, Copper → 세련되고 고급스러운 느낌

- 네온 오렌지Neon Orange, Fluorescent Orange → 강렬하고 트렌디한 스타일

구성 요소

- 패션: 오렌지 컬러 원피스, 캐주얼한 오렌지 스웨터, 세련된 오렌지 힐, 트렌디한 오렌지 액세서리
- 뷰티: 오렌지 립스틱, 코럴 블러셔, 오렌지 네일, 오렌지 톤 아이섀도
- 자연 요소: 석양, 가을 단풍, 오렌지 과일, 열대 꽃
- 인테리어 & 디자인: 오렌지톤 벽지, 포인트 컬러 소파, 모던한 오렌지 조명
- 테크 & 라이프스타일: 오렌지 컬러의 디자인 제품, 트렌디한 라이프스타일 소품
- 푸드 & 음료: 오렌지 주스, 망고 디저트, 당근 케이크, 허니 & 시트러스 요리

분위기 및 감성

- 활기차고 긍정적인 느낌: 에너제틱하고 유쾌한 분위기 연출
- 젊고 트렌디한 무드: 현대적이며 힙한 감성 강조
- 따뜻하고 부드러운 감성: 파스텔 오렌지 계열을 사용해 편안한

느낌 연출

- 고급스럽고 세련된 분위기: 다크 오렌지, 코퍼 오렌지 활용으로 깊이 있는 스타일

활용 가능 분야

- 패션 & 뷰티: 화사하고 트렌디한 스타일링 연출
- 브랜딩 & 마케팅: 활력과 창의성을 강조하는 브랜드 아이덴티티 구축
- 인테리어 & 공간 디자인: 따뜻하고 개성 있는 분위기 조성
- 예술 & 광고: 다이내믹하고 감각적인 비주얼 표현

옐로우Yellow

옐로우Yellow는 밝음, 에너지, 창의성, 따뜻함을 상징하는 컬러입니

다. 태양의 빛과 따뜻한 기운을 연상시키며, 활력과 희망을 전달하는 색상으로 심리적으로도 긍정적인 영향을 줍니다. 패션과 뷰티, 인테리어, 디자인 등 다양한 분야에서 생동감 있는 포인트 컬러로 자주 활용됩니다.

옐로우 이미지의 특징

색감과 톤

- 소프트 옐로우Soft Yellow, Pastel Yellow → 부드럽고 온화한 감성, 로맨틱한 분위기
- 브라이트 옐로우Bright Yellow, Neon Yellow → 강렬하고 생동감 넘치는 에너제틱한 무드
- 다크 옐로우Deep Yellow, Mustard Yellow → 세련되고 고급스러운 느낌, 빈티지한 감성
- 골드 옐로우Golden Yellow → 럭셔리하고 우아한 분위기, 왕실과 클래식한 이미지

구성 요소

- 패션: 옐로우 드레스, 실크 블라우스, 머스타드 컬러 코트, 옐로우 힐, 스니커즈, 가방, 주얼리(골드 액세서리 포함)
- 뷰티: 옐로우 네일, 따뜻한 톤의 옐로우 메이크업, 골드빛 하이라

이터, 브론즈 터치의 아이섀도

- 자연 요소: 햇빛, 노란 튤립과 해바라기, 가을의 단풍잎, 레몬, 바나나, 감귤류 과일
- 인테리어 & 디자인: 옐로우 벽지, 빈티지한 가구, 골드 인테리어 포인트, 미드센추리 모던 스타일 소품
- 테크 & 라이프스타일: 옐로우 컬러 스마트폰, 트렌디한 디자인 소품, 따뜻한 옐로우 컬러의 카페 인테리어
- 푸드 & 음료: 망고 스무디, 레몬 에이드, 노란 마카롱, 골드빛 허니 라떼, 바닐라 크림 디저트

분위기 및 감성

- 밝고 긍정적인 느낌: 활기차고 희망적인 분위기 연출
- 우아하고 세련된 감성: 골드 톤과 조화롭게 사용하면 고급스러운 무드
- 따뜻하고 포근한 분위기: 가을, 빈티지 스타일링과 어울리는 컬러
- 트렌디하고 감각적인 스타일: 강렬한 포인트 컬러로 개성을 표현

활용 가능 분야

- 패션 & 뷰티: 생기 넘치는 스타일 연출, 개성 있는 스타일링
- 브랜딩 & 마케팅: 신뢰감과 활력을 주는 브랜드 아이덴티티 구축

- 인테리어 & 공간 디자인: 따뜻하고 감각적인 분위기 조성
- 예술 & 광고: 명확하고 눈에 띄는 비주얼 요소 표현

그린Green

그린 컬러는 자연, 평온, 균형, 조화, 그리고 신선함을 상징하는 색상으로, 마음을 안정시키고 건강한 이미지를 연출하는 데 효과적입니다. 자연과 밀접한 관련이 있어 친환경적이고 힐링의 감성을 강조할 때 많이 활용됩니다.

그린 이미지의 특징

색감과 톤

- 파스텔 그린 → 부드럽고 차분한 느낌, 힐링 감성

- 에메랄드 그린 → 고급스럽고 세련된 무드
- 올리브 그린 → 빈티지하고 클래식한 감성
- 네온 그린 → 트렌디하고 강렬한 분위기

구성 요소

- 패션: 그린 컬러 드레스, 코트, 셔츠, 스니커즈, 모던한 액세서리
- 뷰티: 그린 네일, 아이섀도, 에메랄드 주얼리
- 자연 요소: 푸른 잎, 숲, 나무, 이슬 맺힌 풀잎, 선명한 녹색의 자연 경관
- 인테리어 & 디자인: 보태니컬 스타일 가구, 모던한 그린 벽지, 조화로운 우드톤 인테리어
- 푸드 & 음료: 아보카도, 키위, 녹차, 그린 스무디, 허브티

분위기 및 감성

- 평온하고 안정적인 느낌: 내추럴한 감성 연출
- 상쾌하고 신선한 무드: 깨끗하고 건강한 이미지 강조
- 세련되고 고급스러운 감성: 깊고 우아한 그린 톤 활용

활용 가능 분야

- 패션 & 뷰티: 내추럴하면서도 감각적인 스타일 연출

- 브랜딩 & 마케팅: 친환경, 웰빙, 자연주의 브랜드에 적합
- 인테리어 & 공간 디자인: 차분하면서도 고급스러운 분위기 연출
- 예술 & 광고: 균형과 자연을 강조하는 컨셉의 비주얼 표현

블루Blue

블루Blue는 신뢰, 차분함, 지성, 자유, 시원함을 상징하는 색상입니다. 깊고 고요한 바다, 끝없는 하늘을 연상시키며 안정감과 평온함을 주는 색으로, 다양한 톤과 스타일에 따라 세련되고 감각적인 이미지를 연출할 수 있습니다.

블루 이미지의 특징

색감과 톤

- 라이트 블루Light Blue, Sky Blue → 부드럽고 상쾌한 느낌, 청량한 감성
- 미디엄 블루Cobalt Blue, Royal Blue → 세련되고 도시적인 분위기
- 다크 블루Navy Blue, Midnight Blue → 클래식하고 강렬한 인상, 신뢰감을 주는 색
- 틸 블루Turquoise, Teal Blue → 트렌디하고 개성 있는 감각

구성 요소

- 패션: 네이비 수트, 블루 셔츠, 데님 청바지, 블루 스니커즈
- 뷰티: 블루 네일, 스모키 블루 아이섀도, 블루 헤어스타일링
- 자연 요소: 맑은 하늘, 깊은 바다, 시원한 파도, 푸른빛의 얼음
- 인테리어 & 디자인: 모던한 블루 톤 가구, 미니멀한 블루 벽지, 블루 LED 조명
- 테크 & 라이프스타일: 푸른빛의 현대적 건축물, 블루 컬러의 하이테크 제품
- 푸드 & 음료: 블루베리, 블루라떼, 시원한 청량음료

분위기 및 감성

- 차분하고 신뢰감 있는 느낌: 깔끔하고 안정적인 무드 연출
- 세련되고 모던한 감성: 도시적이고 트렌디한 스타일 강조
- 청량하고 자유로운 분위기: 여름, 바다, 자연을 연상시키는 시원

한 느낌

- 럭셔리하고 클래식한 이미지: 네이비 블루와 실버 조합으로 고급스러움 강조

활용 가능 분야

- 패션 & 뷰티: 세련되고 도시적인 스타일 연출
- 브랜딩 & 마케팅: 신뢰감 있는 기업 브랜드, 테크·금융·의료 분야에 적합
- 인테리어 & 공간 디자인: 차분하고 고급스러운 분위기 조성
- 예술 & 광고: 감각적이고 트렌디한 비주얼 표현

네이비Navy

네이비Navy는 우아함, 신뢰, 권위, 고급스러움을 상징하는 색상입

니다. 블랙보다 부드럽지만 강렬한 존재감을 지니며, 클래식하면서도 현대적인 감각을 갖춘 컬러로 비즈니스, 패션, 인테리어 등 다양한 분야에서 활용됩니다.

네이비 이미지의 특징

색감과 톤

- 딥 네이비Deep Navy → 고급스럽고 중후한 느낌
- 미디엄 네이비Medium Navy → 클래식하면서도 세련된 분위기
- 네이비 블루Navy Blue → 신뢰감과 정갈한 이미지 강조
- 잉크 블루Ink Blue → 블랙과 네이비의 중간 느낌으로 트렌디한 감각

구성 요소

- 패션: 네이비 수트, 롱 코트, 네이비 원피스, 네이비 가죽 부츠
- 뷰티: 네이비 네일, 다크 블루 아이섀도, 실버 & 네이비 액세서리
- 자연 요소: 깊고 푸른 바다, 밤하늘, 우주, 다크 블루 빛 오로라
- 인테리어 & 디자인: 네이비톤 벽지, 클래식한 네이비 가구, 모던한 네이비 조명
- 테크 & 라이프스타일: 네이비 컬러의 럭셔리 자동차, 스마트폰, 고급 시계

- 푸드 & 음료: 블루베리 디저트, 네이비톤 칵테일

분위기 및 감성

- 우아하고 고급스러운 느낌: 블랙보다 부드러우면서도 세련된 무드 연출
- 신뢰감과 권위 있는 이미지: 금융, 비즈니스, 하이엔드 브랜드에서 많이 사용
- 클래식하고 모던한 감성: 전통적이면서도 현대적인 스타일 강조
- 차분하고 중후한 분위기: 블루 계열 특유의 안정감과 깊이 있는 느낌

활용 가능 분야

- 패션 & 뷰티: 클래식하고 고급스러운 스타일 연출
- 브랜딩 & 마케팅: 신뢰감을 주는 기업 브랜드, 금융·테크·럭셔리 브랜드에 적합
- 인테리어 & 공간 디자인: 차분하면서도 세련된 분위기 조성
- 예술 & 광고: 감각적이고 고급스러운 비주얼 표현

퍼플Purple

퍼플Purple은 우아함, 신비로움, 창의성, 감각적인 아름다움을 상징하는 색상입니다. 고대부터 왕족과 귀족들이 사용하던 컬러로 고급스럽고 독창적인 이미지를 연출하는 데 효과적입니다. 또한 톤에 따라 몽환적, 세련된, 강렬한 분위기를 표현할 수 있어 다양한 스타일로 활용됩니다.

퍼플 이미지의 특징

색감과 톤

- 라벤더Lavender, Pastel Purple → 부드럽고 로맨틱한 감성
- 리치 바이올렛Rich Violet → 강렬하면서도 신비로운 분위기
- 로얄 퍼플Royal Purple → 고급스럽고 우아한 느낌

- 다크 퍼플Dark Purple, Plum → 깊이 있는 분위기와 감각적인 무드 강조

구성 요소

- 패션: 퍼플 드레스, 퍼플 블레이저, 실크 퍼플 블라우스, 퍼플 힐
- 뷰티: 퍼플 네일, 바이올렛 아이섀도, 보랏빛 립 컬러, 라벤더 헤어 컬러
- 자연 요소: 보랏빛 노을, 라벤더 꽃밭, 오로라, 우주와 별
- 인테리어 & 디자인: 퍼플톤 벽지, 벨벳 퍼플 소파, 럭셔리한 조명
- 테크 & 라이프스타일: 퍼플톤 하이테크 제품, 퍼플 조명, 미래적인 디자인
- 푸드 & 음료: 블루베리 디저트, 라벤더 티, 포도주, 베리 믹스 스무디

분위기 및 감성

- 우아하고 럭셔리한 느낌: 클래식하면서도 감각적인 무드 연출
- 신비롭고 예술적인 감성: 창의적이고 몽환적인 분위기 강조
- 트렌디하고 독창적인 스타일: 퍼플 특유의 개성 있는 표현
- 차분하면서도 깊이 있는 분위기: 다크 퍼플 계열을 활용해 무게감 있는 무드 연출

활용 가능 분야

- 패션 & 뷰티: 감각적이고 개성 있는 스타일링 연출
- 브랜딩 & 마케팅: 하이엔드, 뷰티, 아트 브랜드에서 활용
- 인테리어 & 공간 디자인: 감각적이면서도 고급스러운 분위기 조성
- 예술 & 광고: 몽환적이고 독창적인 비주얼 표현

마젠타Magenta

마젠타Magenta는 강렬한 개성, 창의성, 열정, 에너지를 상징하는 색상입니다. 핑크와 퍼플의 조합으로 화려하면서도 감각적인 분위기를 연출할 수 있으며, 현대적인 감각을 살리면서도 따뜻하고 강렬한 인상을 남깁니다. 독창적인 개성을 표현하는 색상으로, 패션, 디자인, 예술 등 다양한 분야에서 매력적으로 활용됩니다.

마젠타 이미지의 특징

색감과 톤

- 소프트 마젠타Soft Magenta, Pastel Magenta → 로맨틱하고 부드러운 감성
- 핫 마젠타Hot Magenta, Neon Magenta → 강렬하고 트렌디한 분위기
- 다크 마젠타Dark Magenta, Deep Fuchsia → 깊고 고급스러운 느낌
- 퓨시아Fuchsia → 화려하고 생동감 있는 스타일

구성 요소

- 패션: 마젠타 드레스, 마젠타 슈트, 트렌디한 마젠타 힐, 마젠타 가방
- 뷰티: 마젠타 립스틱, 마젠타 네일, 핑크-퍼플 그라데이션 아이 메이크업
- 자연 요소: 마젠타 빛 노을, 핑크 퍼플 오로라, 화려한 열대 꽃
- 인테리어 & 디자인: 마젠타톤 벽지, 모던한 LED 마젠타 조명, 벨벳 소재의 가구
- 테크 & 라이프스타일: 마젠타 컬러의 하이테크 기기, 네온 조명, 사이버펑크 스타일
- 푸드 & 음료: 베리 믹스 스무디, 드래곤 프루트

분위기 및 감성

- 강렬하고 트렌디한 느낌: 현대적이며 감각적인 스타일 연출
- 자신감과 에너지를 강조: 파워풀하고 도전적인 이미지 표현
- 화려하고 세련된 감성: 럭셔리한 무드나 독창적인 스타일링
- 몽환적이고 예술적인 분위기: 네온 라이트, 사이버펑크 감성과 조화

활용 가능 분야

- 패션 & 뷰티: 트렌디하고 감각적인 스타일링 연출
- 브랜딩 & 마케팅: 개성과 혁신을 강조하는 브랜드 아이덴티티
- 인테리어 & 공간 디자인: 미래적이고 감각적인 분위기 조성
- 예술 & 광고: 네온 감성, 강렬한 비주얼 연출

터쿠아즈 Turquoise

터쿠아즈Turquoise는 평온함, 창의성, 세련됨, 청량감을 상징하는 색상입니다. 블루와 그린의 조합으로 탄생한 컬러로, 바다의 맑고 깨끗한 느낌과 보석의 고급스러움을 동시에 표현할 수 있습니다. 시원하면서도 차분한 분위기를 연출하며, 감각적인 스타일링에도 자주 활용됩니다.

터쿠아즈 이미지의 특징

색감과 톤

- 소프트 터쿠아즈Soft Turquoise, Pastel Aqua → 부드럽고 차분한 감성
- 브라이트 터쿠아즈Bright Turquoise, Neon Aqua → 생동감 있고 청량한 분위기
- 다크 터쿠아즈Deep Turquoise, Teal Blue → 세련되고 고급스러운 느낌
- 민트 터쿠아즈Mint Turquoise → 상쾌하고 트렌디한 스타일

구성 요소

- 패션: 터쿠아즈 드레스, 실크 블라우스, 세련된 터쿠아즈 힐, 터쿠아즈 주얼리
- 뷰티: 터쿠아즈 네일, 민트 컬러 메이크업, 블루-그린 그라데이션 아이섀도
- 자연 요소: 맑고 푸른 바다, 터쿠아즈빛 파도, 열대 섬의 하늘과

물결

- 인테리어 & 디자인: 터쿠아즈 벽지, 현대적인 가구, 럭셔리한 대리석 테이블
- 테크 & 라이프스타일: 미래적인 디자인 제품, 터쿠아즈 컬러 가전, 고급 자동차
- 푸드 & 음료: 민트 초콜릿, 청량한 블루 스무디, 코코넛 베이스의 음료

분위기 및 감성

- 청량하고 시원한 느낌: 바다와 하늘을 연상시키는 상쾌한 무드
- 우아하고 고급스러운 감성: 럭셔리한 보석(터키석)과 같은 세련된 분위기
- 신비롭고 감각적인 스타일: 독창적이며 트렌디한 감각 표현
- 자연적이고 힐링되는 이미지: 자연의 맑고 깨끗한 분위기 강조

활용 가능 분야

- 패션 & 뷰티: 독창적이면서도 세련된 스타일링 연출
- 브랜딩 & 마케팅: 혁신적이고 신뢰감 있는 브랜드 아이덴티티 구축
- 인테리어 & 공간 디자인: 시원하면서도 고급스러운 분위기 조성
- 예술 & 광고: 청량하고 감각적인 비주얼 표현

핑크Pink

핑크Pink는 사랑, 로맨틱함, 부드러움, 여성스러움, 따뜻함을 상징하는 색상입니다. 부드럽고 달콤한 감성을 전하는 동시에, 톤에 따라 강렬하고 세련된 느낌까지 연출할 수 있습니다. 핑크는 감각적이고 트렌디한 컬러로 패션, 뷰티, 인테리어, 마케팅 등 다양한 분야에서 활용됩니다.

핑크 이미지의 특징

색감과 톤

- 베이비 핑크Baby Pink, Pastel Pink → 부드럽고 순수한 감성
- 로즈 핑크Rose Pink → 우아하고 클래식한 분위기
- 핫 핑크Hot Pink, Neon Pink → 강렬하고 트렌디한 스타일

- 푸시아 핑크Fuchsia Pink, Magenta Pink → 화려하고 감각적인 무드

구성 요소

- 패션: 핑크 드레스, 핑크 블라우스, 트렌디한 핑크 힐, 핑크 가방
- 뷰티: 핑크 립스틱, 핑크 네일, 핑크 블러셔, 핑크-골드 아이섀도
- 자연 요소: 벚꽃, 장미, 핑크빛 노을, 핑크 오로라
- 인테리어 & 디자인: 핑크톤 벽지, 모던한 핑크 가구, 미니멀한 핑크 조명
- 테크 & 라이프스타일: 핑크톤 스마트폰, 감각적인 핑크 컬러 액세서리
- 푸드 & 음료: 스트로베리 케이크, 핑크 마카롱, 핑크 라떼

분위기 및 감성

- 로맨틱하고 부드러운 느낌: 따뜻하고 사랑스러운 무드 연출
- 화려하고 감각적인 스타일: 트렌디하면서도 개성 있는 분위기 강조
- 강렬하고 세련된 감성: 핫핑크나 푸시아 핑크를 활용해 대담한 스타일링
- 우아하고 클래식한 이미지: 로즈핑크와 골드 조합으로 고급스러움 강조

활용 가능 분야

- 패션 & 뷰티: 감각적이고 트렌디한 스타일 연출
- 브랜딩 & 마케팅: 여성적이거나 혁신적인 브랜드 아이덴티티 구축
- 인테리어 & 공간 디자인: 부드럽고 따뜻한 분위기 조성
- 예술 & 광고: 화려하고 개성 있는 비주얼 표현

브라운Brown

브라운Brown은 따뜻함, 안정감, 자연스러움, 클래식한 세련됨을 상징하는 색상입니다. 나무, 흙, 가죽, 커피 등의 자연 요소에서 영감을 받은 컬러로, 편안하고 고급스러운 분위기를 연출할 수 있습니다. 브라운 컬러는 모던하면서도 빈티지한 감성을 동시에 지니고 있어 패션, 인테리어, 라이프스타일 등 다양한 분야에서 널리 활용됩니다.

브라운 이미지의 특징

색감과 톤

- 라이트 브라운Light Brown, Beige, Camel → 부드럽고 따뜻한 감성
- 미디엄 브라운Medium Brown, Caramel, Cognac → 클래식하고 자연적인 느낌
- 다크 브라운Dark Brown, Chocolate, Espresso → 깊고 세련된 분위기
- 레드 브라운Reddish Brown, Copper, Mahogany → 감각적이고 빈티지한 무드

구성 요소

- 패션: 브라운 코트, 카멜 스웨터, 가죽 부츠, 클래식한 브라운 백
- 뷰티: 브라운 립스틱, 카라멜 헤어 컬러, 브론즈 메이크업, 브라운 네일
- 자연 요소: 고목 나무, 가을 단풍, 흙길, 황토색 돌벽
- 인테리어 & 디자인: 우드톤 가구, 가죽 소파, 대리석과 브라운 조합, 빈티지 감성 인테리어
- 테크 & 라이프스타일: 가죽 다이어리, 브라운 톤 명품 가방, 클래식한 가구
- 푸드 & 음료: 커피, 초콜릿, 카라멜 디저트, 시나몬 롤

분위기 및 감성

- 따뜻하고 안정적인 느낌: 차분하고 편안한 감성을 연출
- 클래식하고 고급스러운 분위기: 가죽, 우드톤과 조화되는 세련된 스타일
- 빈티지하면서도 트렌디한 감성: 레트로 무드나 모던한 스타일 모두 어울림
- 자연적이고 친환경적인 이미지: 우드, 흙, 자연 요소를 연상시키는 내추럴한 감각

활용 가능 분야

- 패션 & 뷰티: 고급스럽고 따뜻한 스타일 연출
- 브랜딩 & 마케팅: 클래식하고 신뢰감을 주는 브랜드 아이덴티티 구축
- 인테리어 & 공간 디자인: 자연적이고 세련된 분위기 조성
- 예술 & 광고: 감각적이고 빈티지한 비주얼 표현

베이지Beige

베이지Beige는 따뜻함, 내추럴함, 부드러움, 세련됨을 상징하는 색상입니다. 흰색과 브라운의 중간색으로, 깔끔하면서도 우아한 분위기를 연출할 수 있습니다. 특히 미니멀한 스타일이나 클래식한 감성을 표현하는 데 적합하며, 패션, 인테리어, 뷰티 등 다양한 분야에서 활용됩니다.

베이지 이미지의 특징

색감과 톤

- 라이트 베이지Light Beige, Cream, Off-White → 순수하고 부드러운 감성
- 웜 베이지Warm Beige, Sand, Camel → 따뜻하고 내추럴한 분위기
- 쿨 베이지Cool Beige, Taupe, Greige → 세련되고 도시적인 스타일

- 다크 베이지Dark Beige, Mocha, Tan → 깊이 있고 클래식한 느낌

구성 요소

- 패션: 베이지 트렌치코트, 니트 스웨터, 베이지 슈트, 누드톤 힐
- 뷰티: 누드 립스틱, 베이지 네일, 브라운 톤 아이섀도, 베이지 톤 헤어 컬러
- 자연 요소: 모래사장, 햇볕에 바랜 나무, 베이지색 돌과 흙
- 인테리어 & 디자인: 베이지톤 벽지, 우드 가구, 미니멀한 소파, 대리석 인테리어
- 테크 & 라이프스타일: 베이지 가죽 다이어리, 클래식한 핸드백, 모던한 가구
- 푸드 & 음료: 밀크티, 카푸치노, 바닐라 디저트, 캐러멜 케이크

분위기 및 감성

- 내추럴하고 따뜻한 느낌: 차분하고 자연 친화적인 감성 연출
- 세련되고 고급스러운 분위기: 미니멀하면서도 클래식한 무드 강조
- 부드럽고 편안한 감성: 따뜻한 컬러 특유의 안정감 표현
- 모던하고 우아한 이미지: 도시적이면서도 심플한 스타일 강조

활용 가능 분야

- 패션 & 뷰티: 고급스럽고 자연스러운 스타일 연출
- 브랜딩 & 마케팅: 미니멀하고 신뢰감을 주는 브랜드 아이덴티티 구축
- 인테리어 & 공간 디자인: 모던하면서도 따뜻한 분위기 조성
- 예술 & 광고: 감각적이고 심플한 비주얼 표현

화이트White

화이트White는 순수함, 우아함, 깨끗함, 미니멀리즘을 상징하는 색상입니다. 밝고 부드러운 느낌을 주며, 세련되고 고급스러운 이미지를 연출할 수 있습니다. 또한 다른 컬러와 조화롭게 어우러지며 다양한 스타일과 분위기를 표현하는 데 효과적입니다.

화이트 이미지의 특징

색감과 톤

- 퓨어 화이트Pure White → 깨끗하고 정갈한 느낌
- 오프 화이트Off-White, Ivory, Cream → 따뜻하고 부드러운 무드
- 펄 화이트Pearl White, Satin White → 은은한 광택감과 고급스러움 강조

구성 요소

- 패션: 화이트 드레스, 슈트, 화이트 스니커즈, 실버 액세서리
- 뷰티: 화이트 네일, 은은한 하이라이트 메이크업, 플래티넘 블론드 헤어
- 자연 요소: 하얀 꽃(장미, 백합, 벚꽃), 눈 덮인 풍경, 구름, 새하얀 해변
- 인테리어 & 디자인: 미니멀한 화이트 톤 공간, 모던한 가구, 화이트 대리석 인테리어
- 푸드 & 음료: 바닐라 아이스크림, 우유, 크림 디저트, 화이트 초콜릿

분위기 및 감성

- 우아하고 세련된 느낌: 클래식하고 고급스러운 무드 연출
- 순수하고 깨끗한 이미지: 심플하면서도 정갈한 분위기
- 미니멀하고 현대적인 감성: 공간과 디자인에서 깔끔한 연출 가능

활용 가능 분야

- 패션 & 뷰티: 깨끗하고 세련된 스타일 연출
- 브랜딩 & 마케팅: 고급스럽고 신뢰감을 주는 브랜드 이미지 구축
- 인테리어 & 공간 디자인: 미니멀하고 세련된 공간 연출
- 예술 & 광고: 심플하고 세련된 비주얼 표현

그레이Gray

그레이Gray는 세련됨, 균형, 차분함, 모던함, 중립적 감성을 상징하는 색상입니다. 블랙과 화이트의 조합으로 만들어지는 색으로, 강렬함과 부드러움을 동시에 담고 있어 다양한 스타일과 분위기를 연출할 수 있습니다.

그레이 이미지의 특징

색감과 톤

- 라이트 그레이Light Gray → 부드럽고 미니멀한 느낌
- 미디엄 그레이Medium Gray → 차분하면서도 모던한 분위기
- 차콜 그레이Charcoal Gray → 강렬하고 고급스러운 감각
- 실버Silver → 우아하고 럭셔리한 느낌

구성 요소

- 패션: 그레이 수트, 니트, 트렌치코트, 가죽 부츠
- 뷰티: 그레이 네일, 실버 액세서리, 애쉬 블론드 헤어
- 자연 요소: 흐린 하늘, 안개 낀 풍경, 돌과 자갈, 산의 윤곽
- 인테리어 & 디자인: 모던한 그레이톤 가구, 대리석 인테리어, 미니멀한 감성의 공간
- 테크 & 메탈릭 요소: 실버 메탈 기기, 현대적인 건축물, 그레이톤 자동차
- 푸드 & 음료: 흑임자 라떼, 트러플, 차콜 디저트, 스테인리스 식기

분위기 및 감성

- 모던하고 세련된 느낌: 절제된 스타일과 감각적인 무드 연출
- 차분하고 안정적인 감성: 무게감 있고 신뢰감을 주는 분위기

- 럭셔리하고 도시적인 이미지: 실버, 메탈릭 요소와 조화되는 고급스러움 강조

활용 가능 분야

- 패션 & 뷰티: 미니멀하면서도 우아한 스타일링 연출
- 브랜딩 & 마케팅: 차분하고 신뢰감을 주는 브랜드 이미지 구축
- 인테리어 & 공간 디자인: 모던하고 정제된 분위기 조성
- 예술 & 광고: 감각적이고 트렌디한 비주얼 표현

블랙Black

블랙Black은 고급스러움, 세련됨, 강렬함, 미스터리, 카리스마를 상징하는 색상입니다. 단순하면서도 강한 존재감을 가지며, 클래식하

고 모던한 무드를 동시에 연출할 수 있습니다. 블랙은 어떤 색과도 조화를 이루며, 패션, 인테리어, 디자인, 브랜딩 등 다양한 분야에서 널리 활용됩니다.

블랙 이미지의 특징

색감과 톤

- 퓨어 블랙Pure Black → 강렬하고 깊은 존재감
- 매트 블랙Matte Black → 모던하고 트렌디한 감각
- 차콜 블랙Charcoal Black → 부드러우면서도 세련된 느낌
- 글로시 블랙Glossy Black → 럭셔리하고 화려한 스타일

구성 요소

- 패션: 블랙 드레스, 블랙 수트, 블랙 가죽 재킷, 시크한 블랙 부츠
- 뷰티: 블랙 네일, 다크 스모키 메이크업, 블랙 헤어 컬러
- 자연 요소: 밤하늘, 블랙 장미, 어두운 파도, 깊은 산속
- 인테리어 & 디자인: 블랙 대리석, 모던한 블랙 가구, 미니멀한 블랙 공간
- 테크 & 라이프스타일: 블랙 메탈 기기, 럭셔리 자동차, 미래적인 디자인 제품
-푸드 & 음료: 블랙 커피, 다크 초콜릿, 흑임자 디저트, 블랙 와인

분위기 및 감성

- 강렬하고 카리스마 있는 느낌: 강한 존재감과 스타일을 강조
- 세련되고 고급스러운 이미지: 클래식하면서도 럭셔리한 무드 연출
- 모던하고 미니멀한 감성: 트렌디하고 절제된 스타일 표현
- 신비롭고 우아한 분위기: 깊고 미스터리한 감각을 강조

활용 가능 분야

- 패션 & 뷰티: 시크하고 모던한 스타일 연출
- 브랜딩 & 마케팅: 프리미엄 브랜드, 럭셔리 마케팅에 적합
- 인테리어 & 공간 디자인: 모던하고 고급스러운 공간 연출
- 예술 & 광고: 강렬한 메시지 전달과 세련된 비주얼 표현

유행색을 알면 멋쟁이

패션은 기능을 넘어 자신을 표현하는 하나의 수단입니다. 그중에서도 색은 패션의 핵심 요소입니다, 시즌마다 새로운 유행색이 등장하며 트랜드를 이끌어 갑니다. 유행색을 알고 활용하면 누구나 쉽게 멋쟁이가 될 수 있지만, 유행색을 무조건 따라가는 것만으로는 진정한 스타일리쉬함을 표현하기는 어렵습니다. 유행색을 내 스타일에 자연스럽게 녹여내는 것이 더 중요합니다.

유행색Trend Colors이란?

유행색Trend Colors이란 특정 시기(한 해 또는 시즌) 동안 패션, 인테리어, 뷰티, 디자인 등 여러 산업에서 인기 있는 색상을 의미합니다.

유행색이 결정되는 과정

유행색은 스타일만으로 정의되는 것이 아니라 사회, 경제, 문화, 환경적 요소에 영향을 미칩니다.

사회적 변화 ⇨ 소비자 심리 분석 ⇨ 패션 & 디자인 업계 ⇨ 색상 연구 기관 발표

유행색을 선정하는 주요 기관

- 팬톤 컬러 센터Pantone Color Institute
- WGSN (세계적인 추세 예측 기관)
- CMF 트렌드 (컬러·소재·마감 트렌드 센터)
- 글로벌 패션 브랜드 & 컬렉션

펜톤 유행색(Pantone Color of the Year)이란?

펜톤Pantone은 색채 연구 및 색상 표준화를 전문으로 하는 미국의 색채 연구소입니다. 매년 전 세계의 트렌드, 문화, 패션, 디자인, 인테

리어, 기술 등을 분석하여 '올해의 색Color of the Year'을 선정합니다.

이 색상은 글로벌 패션, 뷰티, 그래픽 디자인, 인테리어, 제품 디자인 등 다양한 산업에서 영향을 미치며 트렌드를 주도하는 역할을 합니다.

펜톤 올해의 색 선정 기준은 무엇일까?

• 사회·문화적 흐름 반영

- 사회적 이슈(예: 환경 보호, 심리적 안정, 혁신 등)
- 대중의 정서(불안, 희망, 연대감 등)

• 패션 및 뷰티 트렌드

- 패션 컬렉션 및 뷰티 브랜드의 컬러 트렌드 분석
- 디자이너들의 색상 활용 변화

• 라이프스타일 및 인테리어 디자인

- 가구, 인테리어, 공간 디자인의 변화
- 소비자들의 선호도

• 기술 및 산업 발전

- 디지털 컬러 트렌드
- 신소재와 새로운 색상의 출현

펜톤 유행색이 미치는 영향은?

• 패션 업계

- 의류, 액세서리, 메이크업 컬러 트렌드 반영
- 글로벌 브랜드 컬렉션에 적용

• 뷰티 & 코스메틱

- 립스틱, 아이섀도, 네일 컬러 등에 활용
- 컬러 트렌드에 맞춘 신제품 출시

• 인테리어 & 라이프스타일

- 가구, 벽지, 소품 등에 유행 컬러 적용
- 심리적 안정감을 고려한 공간 디자인

• 그래픽 & 제품 디자인

- 광고, 브랜딩, 패키지 디자인에 영향
- 테크 제품 컬러 및 UI 디자인 변화

*펜톤 유행색은 사회적 메시지와 감성을 반영한 컬러 트렌드입니다. 매년 발표되는 올해의 색을 활용하면 보다 트렌디하고 감각적인 스타일을 연출할 수 있습니다.

연도	올해의 색	색상 설명
2024	Peach Fuzz (피치 퍼즈, PANTONE 13-1023)	부드러운 피치 색으로 따뜻함과 편안함을 상징
2023	Viva Magenta (비바 마젠타, PANTONE 18-1750)	활기찬 붉은색으로 용기와 에너지를 강조
2022	Very Peri (베리 페리, PANTONE 17-3938)	퍼플 블루 계열로 창의성과 희망을 상징
2021	Illuminating (일루미네이팅, PANTONE 13-0647) & Ultimate Gray (얼티밋 그레이, PANTONE 17-5104)	노랑과 회색 조합으로 희망과 안정감 표현
2020	Classic Blue (클래식 블루, PANTONE 19-4052)	신뢰와 평온함을 주는 전통적인 블루

2025 팬톤 올해의 색

• **Mocha Mousse** (PANTONE 17-1230)

부드럽고 따뜻하며 중성적인 갈색톤으로 편안하고 안정적인 느낌을 주는 색입니다.

흙, 나무, 커피 등 자연에서 영감을 받은 색으로 자연 친화적인 스타일과 잘 어울립니다.

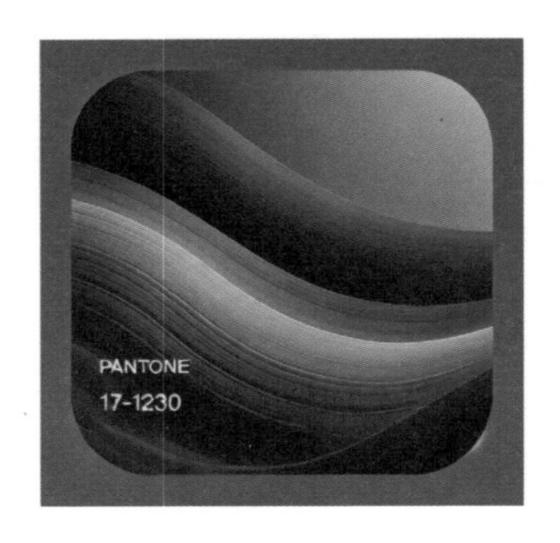

유행색 활용하는 법

• **포인트 아이템으로 활용하기**

- 유행색을 전체적으로 입기보다는 포인트 아이템으로 활용하는 것이 좋습니다.
- 가방, 신발, 스카프 등을 이용해 과하지 않게 코디에 포인트를 줍니다.

• **메이크업이나 네일 컬러로 활용하기**

• **나의 피부 톤과 맞는 색상 선택하기**

유행색이 아무리 트렌디하더라도 나의 피부 톤과 어울리지 않으면 오히려 역효과가 날 수 있습니다. 본인의 피부가 웜 톤인지 쿨 톤인지 확인해야 합니다.

한국의 수도 서울도 '색'으로 말한다

서울시는 도시 브랜드를 보호하고 연합과 감성적 연결을 기념하여 매년 '서울 올해의 색Seoul Color of the Year'을 발표합니다.

매년 시민의 일상과 관심사를 반영한 색을 선정하는데, 이는 도시의 정체성을 표현하고 시민들에게 활력을 불어넣는 중요한 요소로 자리 잡고 있습니다.

서울의 색을 활용하는 분야

• **서울시 공공 디자인**

- 지하철, 버스 정류장

• **도시 브랜딩**

- 서울시 공식 홍보물, 광고, 관광 홍보 디자인 활용

• 건축 및 조명

- 유닛, 스카이 마크

• 패션 & 라이프스타일

- 서울을 상징하는 패션 컬러

- 기념, 소품 디자인, 굿즈 제작

• 디지털 콘텐츠

- 서울의 유명 컬러를 탐구하는 SNS, 웹사이트, 모바일 UI 접근성 적용

역대 서울 올해의 색

• 2025년 - 그린 오로라 Green Aurora

여름밤의 정취와 초록빛의 안정감을 담은 색상

- **2024년 - 스카이 코랄**Sky Coral

한강의 핑크빛 노을을 따뜻하게 받아들이고 평화로운 분위기를 표현

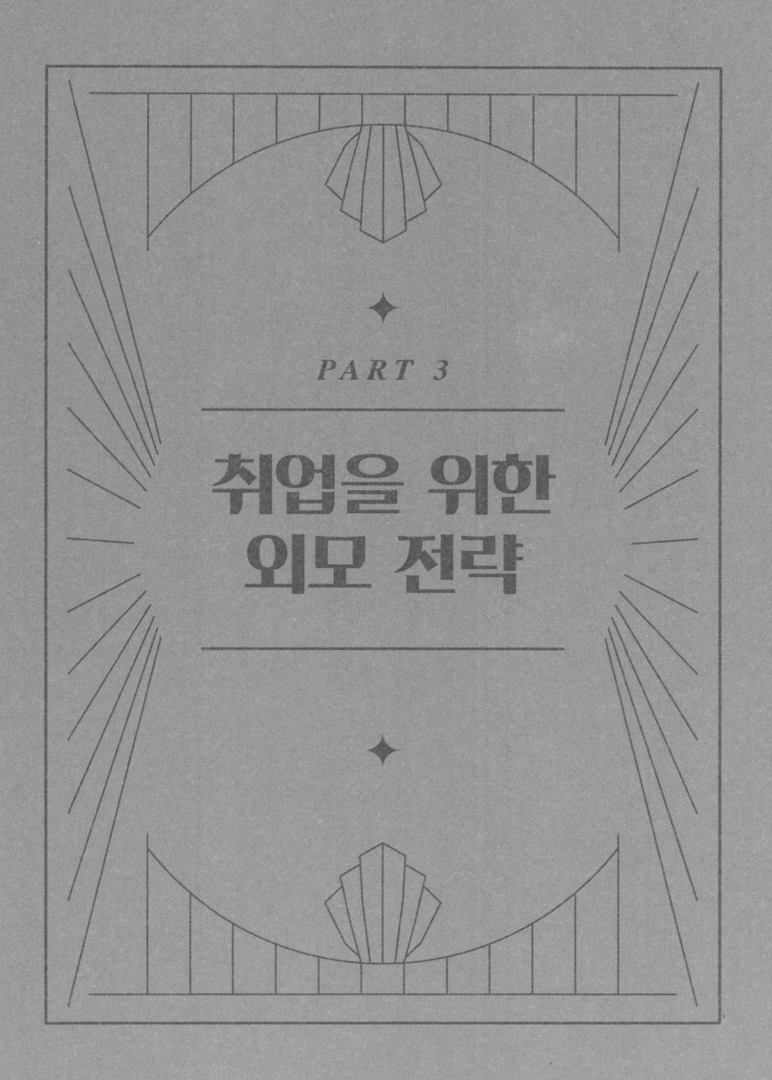

PART 3

취업을 위한 외모 전략

면접에서 빛나는 외모 전략

취업 시장에서 '실력'은 업무 능력만을 의미하지 않습니다. 면접에서는 지원자의 태도, 말투, 분위기까지 종합적으로 평가됩니다. 이때 외모는 첫인상을 좌우하는 강력한 무기가 됩니다.

실제 한 조사기관에서 인사 담당자 1,000명에게 설문을 했습니다. 인상이 면접에 얼마나 영향을 주는가. 그리고 무엇을 보는가. 대부분의 담당자는 영향이 있다고 응답하였고 주로 헤어, 피부, 복장, 눈빛을 본다고 대답하였습니다. 단정하고 신뢰감을 주는 외모는 면접관에게 긍정적인 인상을 남기며, 지원자가 지닌 역량을 더욱 돋보이게 만듭니다.

첫인상을 결정하는 헤어 & 피부

• 깔끔한 헤어스타일

헤어는 첫인상을 좌우하는 중요한 요소입니다. 남성은 단정하게 손질된 짧은 머리가 좋으며, 여성은 얼굴형과 분위기에 맞게 자연스럽고 깔끔한 스타일을 유지하는 것이 이상적입니다.

• 깨끗한 피부

피부가 깨끗하면 건강하고 활력 있는 인상을 줍니다. 면접 전날 충분한 수면을 취하고 보습을 철저히 하여 피부 컨디션을 최상으로 유지하는 것이 좋습니다.

신뢰감을 주는 의상 선택

• 직무에 맞는 스타일링

보수적인 직종(금융, 법률, 공기업 등)에서는 포멀한 수트가 기본이며, 창의적인 업종(디자인, IT, 스타트업 등)에서는 세미 정장도 가능합니다.

• 깔끔한 컬러 조합

블랙, 네이비, 그레이 등 기본적인 컬러는 신뢰감을 주며, 블라우스나 셔츠는 화이트나 베이지 같은 밝은 컬러가 얼굴을 화사하게 만듭니다.

• 핏이 중요한 이유

옷이 너무 크거나 작으면 세련된 느낌이 떨어집니다. 본인의 체형에 맞는 핏을 선택하는 것이 핵심입니다.

이미지를 완성하는 메이크업 & 액세서리

• 자연스러운 메이크업

여성은 피부 표현을 깨끗하게 하고, 과하지 않은 아이 메이크업과 립 컬러로 단정한 이미지를 연출하는 것이 좋습니다. 남성도 피부 톤을 균일하게 정리하는 정도의 간단한 메이크업이 도움이 될 수 있습니다.

• 과하지 않은 액세서리

면접에서는 심플한 액세서리가 가장 좋습니다. 반짝이는 장식이 많은 액세서리는 피하고, 단정한 시계나 여성은 작은 이어링 정도가 적절합니다.

4. 자신감을 더하는 보디랭귀지

• 바른 자세 유지

허리를 곧게 펴고 앉으면 자신감 있는 인상을 줄 수 있습니다.

• 미소와 아이 콘택트

자연스러운 미소와 적절한 눈맞춤은 친근한 인상을 만들어줍니다.

• 제스처 활용

손을 가볍게 움직이며 설명하면 논리적이고 설득력 있는 이미지를 형성할 수 있습니다.

마무리는 깔끔한 향기

• 부드럽고 은은한 향기 연출

강한 향수보다는 은은한 비누향, 상쾌한 시트러스 계열이 좋습니다.

• 구강 청결 유지

면접 전에는 양치를 하거나 가글을 하여 구취를 방지하는 것이 중요합니다.

디지털 시대의 외모 전략

세상이 빠르게 변하면서 외모 관리의 기준도 오프라인에서 온라인으로 확장되고 있습니다. 이제는 대면 면접만큼이나 온라인 면접과 화상회의, 그리고 SNS와 프로필 사진 관리가 중요한 시대가 되었습니다. 화면을 통해 보이는 나의 모습이 첫인상을 결정하며, SNS 프로필 사진 하나만으로도 나의 이미지가 형성됩니다. 디지털 시대에도 '보이는 이미지'는 강력한 영향력을 가집니다. 좋은 첫인상을 남기고, 나만의 브랜드를 구축하기 위해 온라인에서도 철저한 외모 관리가 필요합니다.

그렇다면, 디지털 시대에 맞춰 어떻게 외모를 관리해야 할까요?

온라인 면접과 화상회의에서의 외모 관리

온라인 면접이나 화상회의는 대면 만남과 달리, 화면을 통해 나를 표현해야 합니다. 따라서 카메라 각도, 조명, 스타일링, 표정 관리 등 세심한 준비가 필요합니다.

• 카메라 환경 설정

'화면 속 내 모습을 고려하라'

온라인 면접과 화상회의에서는 카메라를 통해 보이는 나의 화면 속 모습이 첫인상을 결정합니다.

• 카메라 위치

정면보다 살짝 높은 위치에 설정하여 얼굴이 자연스럽게 보이도록 합니다.

• 조명 활용

얼굴이 너무 어둡거나 창백해 보이지 않도록 부드러운 자연광을 활용하거나, 링 라이트(조명)를 사용합니다.

• 배경 정리

배경이 너무 어수선하면 집중도를 떨어뜨릴 수 있으므로 깔끔한 공간을 배경으로 설정합니다.

TIP

- 얼굴이 지나치게 밝거나 어둡게 보이지 않도록 조명을 체크하세요.
- 노트북 카메라보다 외장 웹캠을 활용하면 더 선명한 화질로 나를 보여줄 수 있습니다.

온라인 면접 스타일링: '상체 중심'의 스타일 전략

화상회의나 면접에서는 화면에 보이는 상체가 스타일링의 핵심이 됩니다.

• 컬러 선택

블랙, 네이비 같은 어두운 컬러보다는 화이트, 파스텔톤, 블루 계열이 얼굴을 더 밝고 또렷하게 보이게 합니다.

• 상의 스타일

너무 캐주얼한 옷보다는 셔츠, 블라우스, 포멀한 니트가 깔끔한 인상을 줍니다.

• 헤어 & 메이크업

온라인 화면에서는 조명이 다소 강하게 반영되므로, 헤어는 깔끔하게 정리하고 메이크업도 입체감이 느껴지도록 신경 써야 합니다.

TIP

온라인 면접에서는 얼굴이 강조되므로, 피부 톤을 정돈하고 눈썹과 입술에 포인트를 주면 더욱 선명한 인상을 줄 수 있습니다. 넥 라인이 너무 깊은 옷은 피하고, 깔끔한 카라 디자인을 선택하면 신뢰감을 높일 수 있습니다.

표정과 시선: 자연스러운 눈맞춤이 중요하다

온라인 면접에서 자신감 있는 태도를 보이려면, 카메라와의 눈맞춤이 중요합니다.

• 카메라 바라보기

화면 속 상대방이 아니라, 카메라 렌즈를 보며 이야기해야 시선이 자연스럽게 보입니다.

• 적절한 미소

너무 무표정하면 차가운 인상을 줄 수 있으므로, 가벼운 미소를 유지하는 것이 좋습니다.

• 손동작 활용

말을 할 때 자연스러운 손동작을 사용하면 화면 속에서도 신뢰감을 줄 수 있습니다.

TIP

본인의 모습을 녹화하여 목소리 톤, 표정, 시선 처리를 미리 연습하면 더욱 자연스러운 대화를 할 수 있습니다.

SNS와 프로필 사진 관리: 온라인 이미지 구축의 시작

SNS 프로필 사진은 그냥 '사진 한 장'이 아닙니다.

온라인에서 나를 대표하는 이미지이며, 첫인상을 결정하는 요소가 됩니다.

좋은 프로필 사진은 신뢰감, 친근함, 전문성을 강조할 수 있으며, SNS 플랫폼마다 적절한 스타일을 선택하는 것이 중요합니다.

SNS 플랫폼별 프로필 사진 전략

- 비즈니스 & 전문가용 (예: 링크드인, 회사 홈페이지)
- 신뢰감을 주는 깔끔한 정장 or 포멀한 스타일 추천
- 밝고 깨끗한 배경에서 찍은 사진 사용
- 표정은 자연스럽지만, 너무 가볍지 않게 연출
- 소셜 & 친근한 플랫폼 (예: 인스타그램, 페이스북, 카카오톡 프로필)
- 자신만의 개성이 드러나는 스타일 연출
- 과한 필터보다 자연스러운 피부 톤을 살린 사진 활용
- 취미, 관심사가 드러나는 연출도 좋음 (예: 여행, 커피, 독서 등)
- 비즈니스와 개인 브랜드를 함께 활용하는 경우
- 프로페셔널한 느낌과 친근함을 모두 살리는 스타일 추천
- 너무 정적인 사진보다는 부드러운 표정과 자연스러운 포즈가 어울림

TIP

배경이 너무 복잡하면 얼굴이 강조되지 않으므로 단순하고 깔끔한 배경을 선택하고, 너무 강한 필터는 피하는 것이 좋고 자연광에서 촬영하면 피부 톤이 건강하게

보일 수 있음.

프로필 사진 촬영 시 유의할 점

• 정면보다는 살짝 측면 각도 활용하기

정면 사진도 좋지만, 45도 정도 살짝 측면을 향한 각도가 더 입체감 있는 얼굴을 연출할 수 있습니다.

• 눈빛 & 표정에 집중하기

시선이 카메라를 정면으로 향하게 하고, 가볍게 미소 짓는 것이 가장 좋은 인상을 줍니다.

• 깨끗한 스타일 유지하기

머리카락이 너무 흐트러지지 않도록 정리하고, 옷은 구김 없이 깔끔하게 연출합니다.

TIP

여러 장을 찍어 비교해 본 후 가장 자연스럽고 편안한 느낌의 사진을 선택.

면접관이 알아보지 못할 정도의 과한 보정은 오히려 감점(피부 보정 정도 허용)

시니어 재취업을 위한 외모 전략

경험에 가치를 더하는 시니어 이미지

"나이는 마음먹기에 달린 문제니,
언제나 열정과 호기심을 가지고 살아야 한다."

-코코샤넬-

시니어도 외모 관리가 필요한 이유

'나이 들었는데, 외모를 꾸며야 할까?'

이런 생각, 한 번쯤 해보신 적 있나요? 사실 많은 분이 "이제 나이도 있는데, 뭘 꾸미겠어"라고 하십니다. 하지만 한번 생각해 보세요. 60

대, 70대에도 멋지게 외모를 관리하는 사람을 보면 어떤 느낌이 드시나요? '자신감 있어 보인다', '활력이 넘친다', '멋지다'라는 생각이 들지 않나요? 그렇다면 우리도 그렇게 될 수 있지 않을까요?

최근 시니어 모델이 인기를 얻으며 활동하시는 분들이 많습니다. 꼭 프로 모델이 되겠다라는 생각보다 활동을 통해 자기 관리를 하신다고 합니다.

'외모 관리는 나이를 가리지 않는다'

외모를 가꾸는 건 젊은 사람들만의 전유물이 아닙니다. 오히려 나이가 들수록 더 중요해질 수도 있습니다. 왜냐하면 외모 관리는 겉치레가 아니라 자기 관리, 나아가 삶의 태도를 반영하는 요소이기 때문입니다.

사례 1: 65세의 김영수 씨 이야기

김영수씨는 은퇴 후 외출할 일이 줄어들면서 자연스럽게 옷차림에 신경을 덜 쓰게 됐어요. 그런데 어느 날 거울을 보니 예전보다 더 피곤하고 의욕 없어 보이는 자신을 발견했죠. 고민 끝에 미용실에서 헤어스타일을 정리하고, 밝은색 셔츠를 사 입었어요. 그리고 친구들과의 모임에 나가봤더니 다들 '한층 젊어 보인다'는 반응이었죠. 그날 이후로 김씨는 다시 활력을 되찾았어요.

사례 2: 62세의 이정자 씨 이야기

이정자씨는 늘 어두운 색상의 옷만 입어왔어요. 그런데 한 퍼스널 컬러 컨설팅을 받으면서 '내게 밝은 톤이 더 잘 어울린다'는 걸 알게 됐죠. 이후 파스텔 계열의 옷을 입어 보니 얼굴이 한층 생기 있어 보였어요. 주변에서도 "얼굴이 밝아졌다"는 칭찬이 이어졌죠.

외모 관리를 하면 좋은 점

자신감 상승

외모를 가꾸면 거울 속 자신이 달라 보이고, 자연스럽게 자존감이 높아져요. 작은 변화만으로도 기분이 좋아지고, 더 활기찬 하루를 보낼 수 있습니다.

사회적 관계 개선

외모에 신경 쓰면 자연스럽게 외출이 늘어나고, 사람들과의 만남도 즐거워집니다. 깔끔한 스타일은 상대방에게도 좋은 인상을 주고, 대화가 더욱 편안해질 수 있습니다.

건강한 생활 습관 유지

외모를 관리하는 과정에서 자연스럽게 건강한 습관도 형성됩니다. 예를 들어, 좋은 피부를 유지하기 위해 수분을 많이 섭취하거나, 몸매 관리를 위해 가벼운 운동을 시작할 수도 있습니다.

변화하는 시대에 적응

현대 사회에서는 연령과 관계없이 자기 관리의 중요성이 강조됩니다. 외모를 가꾸는 것은 겉모습을 바꾸는 것이 아니라, 변화하는 시대에 맞춰 자신을 발전시키는 과정입니다. 자기 관리를 통해 시대에 맞는 감각을 유지하면, 다양한 사회적 기회에도 긍정적으로 적응할 수 있습니다.

재취업과 사회 활동에서 경쟁력 상승

재취업을 준비하시거나 새로운 도전에 나설 때, 단정한 외모는 자신감을 심어주고 경쟁력을 높이는 요소가 됩니다. 깔끔한 의상 선택, 정돈된 헤어스타일, 밝은 표정 등은 면접이나 비즈니스 자리에서 신뢰감을 줄 수 있습니다. 이러한 작은 변화가 큰 기회를 만들어 줄 수 있습니다.

시니어 외모 관리, 어떻게 하면 좋을까?

• 나에게 맞는 스타일 찾기

'나는 뭘 입어야 할까?' 고민될 때는 기본부터 시작하면 됩니다. 내 피부 톤과 어울리는 색을 찾고, 체형에 맞는 핏을 고르는 것만으로도 큰 변화를 느낄 수 있습니다.

• 헤어스타일과 피부 관리

나이에 맞는 깔끔한 헤어스타일을 유지하는 것도 중요합니다. 남성은 너무 길거나 방치된 헤어스타일보다는 단정하고 세련된 스타일이, 여성은 얼굴형에 맞는 컷이나 자연스러운 컬이 잘 어울릴 수 있습니다. 또한 피부 관리도 필수! 너무 화려한 메이크업보다는 자연스러우면서도 건강한 피부 톤을 유지하는 게 핵심입니다. (자세한 내용은 PART 2. 1.스킨 케어 4. 헤어스타일 편을 참고하시기 바랍니다.)

• 자신감을 표현하는 자세

아무리 멋진 옷을 입고 헤어스타일을 바꿔도, 자신감이 없다면 빛이 나지 않습니다. 자연스럽게 어깨를 펴고 당당한 표정을 짓는 것만으로도 외모가 한층 더 좋아 보일 수 있습니다.

• 나이는 숫자일 뿐, 멋지게 살아보자!

결국 외모 관리는 단순히 겉모습을 가꾸는 게 아니라, 내 삶의 태도를 반영하는 과정입니다. 나이에 관계 없이 자신을 가꾸는 습관을 들이면 더욱 활력 있고 자신감 넘치는 삶을 살 수 있습니다.

시니어의 몸매 관리: 우아한 아름다움

'우아하다'라는 표현은 젊은 사람보다는 연륜이 쌓인 이들에게 더 어울리는 말입니다.

우아함은 잘생김, 지성, 그리고 세월이 만들어내는 깊이가 어우러질 때 비로소 완성됩니다.

몇 년 전부터 시니어 모델의 붐으로 몸매 관리가 잘 된 시니어들이 매체와 SNS에서 활동하며 영향력을 키우고 있습니다.

최근 한국에서 시니어 모델 양성이 인기를 얻고 있는 이유는?

• 고령화 사회

한국은 빠르게 고령화되고 있으며, 이에 따라 시니어 인구가 증가하고 있습니다. 이들은 소비 시장에서 중요한 역할을 하게 되며, 라이프스타일과 패션에 관심이 높아지고 있습니다.

• 다양성의 수용

패션 산업이 다양성을 중시하게 되면서, 다양한 연령대의 모델들이 필요해졌습니다. 시니어 모델들은 새로운 트렌드를 제시하고, 더 많은 소비자와 공감할 수 있는 이미지를 제공합니다.

• 자아 표현

많은 시니어가 자신의 개성과 스타일을 표현하고 싶어 합니다. 모델 활동은 그들에게 새로운 기회를 제공하며, 자신감을 높이는 데 도움을 줍니다.

• 미디어와 광고의 변화

광고와 미디어에서 시니어 모델을 활용하는 사례가 늘어나면서, 이들이 대중에게 긍정적인 이미지를 심어주고 있습니다. 이는 시니어 모델에 대한 인식을 변화시키고 있습니다.

시니어를 위한 몸매 관리 팁

• 균형 잡힌 식사

다양한 영양소를 포함한 균형 잡힌 식사를 하세요. 과일, 채소, 통곡물, 단백질(생선, 닭고기, 콩류 등)을 포함하는 것이 좋습니다.

• 적절한 수분 섭취

충분한 물을 마시는 것이 중요합니다. 수분은 신진대사를 돕고, 피부 건강에도 좋습니다.

• 규칙적인 운동

걷기, 수영, 요가 등 저강도 운동을 꾸준히 하세요. 근력 운동도 포함하면 좋습니다. 이는 근육량을 유지하고 균형 감각을 향상합니다.

• 유연성 운동

스트레칭이나 요가를 통해 유연성과 바른 자세를 유지하세요. 이는 부상 예방에 도움이 됩니다.

• 바른 자세 유지

올바른 자세는 체형을 더욱 우아하게 보이게 합니다.

• 정기적인 건강 검진

정기적으로 건강 검진을 받아 건강 상태를 체크하고 필요한 조치를 취하세요.

• 사회적 활동

친구나 가족과의 활동을 통해 정신적 건강도 챙기세요. 사회적 연결은 스트레스 감소에 도움이 됩니다.

• 충분한 수면

충분한 수면을 취해 몸과 마음을 회복하세요. 수면은 전반적인 건강에 중요한 역할을 합니다.

시니어와 젊은 사람의 몸매 관리 차이점

건강하게 관리된 날씬한 몸은 우아하고 세련된 이미지를 주지만, 너무 마른 몸은 오히려 나이 들어 보이거나 병약해 보일 수 있습니다.

체형을 가꿀 때는 단순히 살을 빼는 것보다 균형 잡힌 몸매와 건강한 컨디션을 유지하는 것이 더욱 중요합니다.

• 대사율

"젊었을 때는 며칠만 굶어도 살이 잘 빠졌는데, 나이가 드니 그게 쉽지 않네요." 이런 말 하시는 중년분들 많이 봤지요. 물론 저도 마찬가지입니다. 젊은 사람들은 일반적으로 대사율이 높아 칼로리를 더 쉽게 소모할 수 있습니다. 반면, 시니어는 대사율이 감소하여 체중 관리가 어려울 수 있습니다.

• 운동 강도

젊은 사람들은 다양한 운동을 시도하고 강도 높은 운동을 쉽게 수행할 수 있는 반면, 시니어는 부상의 위험을 줄이기 위해 저강도 운동이나 유연성 운동을 선호하는 경향이 있습니다.

• 식습관

젊은 사람들은 다양한 식단을 시도하고 유행하는 다이어트를 따르는 경우가 많지만, 시니어는 건강을 유지하기 위해 더 균형 잡힌 식단을 선호할 수 있습니다. 또한, 영양소의 필요가 다르기 때문에 단백질, 칼슘, 비타민 D 등의 섭취에 더 신경을 써야 합니다.

• 목표와 동기

젊은 사람들은 외적인 모습이나 체중 감량에 중점을 두는 경우가 많지만, 시니어는 건강 유지, 기능성 향상, 질병 예방 등을 더 중요하게 생각할 수 있습니다.

• 회복력

젊은 사람들은 운동 후 회복이 빠르지만, 시니어는 회복 시간이 더 길어질 수 있어 운동 계획을 조정해야 할 필요가 있습니다.

이러한 차이점들은 각 연령대의 신체적, 생리적 특성과 생활 방식에 따라서도 달라집니다.

시니어 성형에 대하여

젊은 세대는 이목구비에 관련된 성형에 관심이 많지만, 나이가 들면 노화로 인한 피부 처짐과 주름 같은 피부 변화와 신체적 변화를 개선하기 위해 다양한 성형 수술 및 비수술적 방법을 고려하게 됩니다. 시니어의 성형은 긍정적인 변화를 가져오기도 하지만, 부작용이나 인상이 크게 달라짐으로 어색하다는 반응 때문에 후회하는 경우도 많이 보았습니다. 시니어 성형은 개인의 건강 상태와 회복 능력, 피부 상태에 따라 결과가 기대치와 다를 수 있기 때문에 적어도 세 군데 이상 전문의와 상담하고, 최적의 치료 계획을 세우시기를 당부드립니다. (성형에 대한 내용은 Part 1. 8. 외모와 성형 편을 참고하시길 바랍니다)

다음은 시니어 성형의 주요 종류와 방법입니다.

안면 성형

• 리프팅 수술

얼굴의 처진 피부를 당겨주는 수술로, 주로 안면 리프팅, 목 리프팅 등이 있습니다.

• 눈 성형

눈꺼풀의 처짐을 개선하는 수술로, 상안검 성형과 하안검 성형이 있습니다.

필러 및 보톡스

• 필러

주름을 채우거나 볼륨을 추가하기 위해 피부에 주입하는 물질입니다. 주로 히알루론산 필러가 사용됩니다.

• 보톡스

주름을 완화하기 위해 근육의 수축을 억제하는 주사입니다.

피부 재생 치료

• 레이저 치료

피부의 결점을 개선하고 주름을 줄이기 위해 레이저를 사용하는 방법입니다.

• 화학적 필링

피부의 표면을 벗겨내어 새로운 피부로 재생시키는 방법입니다.

신체 성형

• 지방 흡입

특정 부위의 지방을 제거하여 체형을 개선하는 수술입니다.

• 가슴 성형

가슴의 크기나 모양을 개선하는 수술로, 보형물 삽입이나 지방 이식을 포함합니다.

비수술적 방법

• 스킨 케어

노화 방지를 위한 스킨 케어 제품 사용 및 관리.

• 미세침 치료

피부에 미세한 바늘로 자극을 주어 콜라겐 생성을 촉진하는 방법입니다.

시니어 재취업 성공률 높이기

시니어 면접 이미지 메이킹 전략

• 신뢰감을 주는 스타일 선택

연령에 맞게 차분하면서도 세련된 스타일을 유지하는 것이 중요합니다. 너무 젊어 보이려 하기보다 자연스럽고 단정한 이미지를 연출하는 것이 바람직합니다.

• 깔끔한 헤어스타일 유지

정돈된 헤어스타일은 단정한 인상을 주고, 나이에 맞는 적절한 스타일링은 더욱 신뢰감을 높여줍니다.

• 자연스러운 메이크업과 피부 관리

지나치게 화려한 메이크업보다는 깨끗하고 건강한 피부 표현이 중요합니다. 피부 관리를 통해 생기 있는 인상을 줄 수 있습니다.

시니어 재취업을 위한 패션 전략

• 직업에 맞는 복장 선택

지원하는 업종과 직무에 따라 복장 스타일을 조정하는 것이 중요합니다. 보수적인 직종에서는 클래식한 스타일을, 창의적인 업종에서는 세련된 감각을 더한 스타일이 적합합니다.

• 단정하고 깔끔한 스타일 유지

복잡한 패턴보다는 단순한 디자인을 선택하고, 정갈한 스타일을 유지하는 것이 신뢰감을 주는 데 도움이 됩니다.

• 컬러 활용하기

신뢰감을 주는 네이비, 블랙, 베이지 같은 중립적인 색상과 함께, 활력을 더할 수 있는 블루나 그린 계열을 포인트 컬러로 활용하면 좋습니다.

• 적절한 액세서리 사용

과하지 않으면서도 세련된 액세서리는 품격을 높여주고, 전체적인 스타일을 완성하는 요소가 됩니다.

• 편안하면서도 격식을 갖춘 착장

너무 과하게 꾸미는 것보다는 자연스럽고 단정한 스타일이 더 신뢰감을 줍니다. 편안하면서도 깔끔한 룩을 유지하는 것이 중요합니다.

• 신발과 가방까지 세심하게 신경 쓰기

구두나 가방은 전체적인 스타일을 결정짓는 요소 중 하나입니다. 깨끗하게 관리된 신발과 가방을 선택하는 것이 필수적입니다.

지속적인 자기 관리와 학습

• 업계 트렌드 파악

변화하는 산업과 업무 환경을 이해하고 AI 최신 기술과 트렌드를 익히는 것이 필요합니다.

• 네트워크 활용

기존의 경험과 인맥을 적극적으로 활용하여 재취업 기회를 넓히는 것이 중요합니다.

• 면접 준비

최근 채용 트렌드에 맞춘 이력서 작성법과 면접 스킬을 익히고, 자신을 효과적으로 표현하는 커뮤니케이션 능력을 키워야 합니다.

시니어 직장인의 리더십 이미지 전략

• 신뢰감을 주는 외모

단정한 복장과 깔끔한 외모는 리더십을 발휘하는 데 중요한 요소입니다. 신뢰감을 주는 스타일을 유지하는 것이 필요합니다.

• 자신감 있는 태도

자신감 넘치는 표정과 바른 자세는 리더십을 더욱 돋보이게 합니다.

• 명확한 커뮤니케이션

부드러우면서도 단호한 말투를 유지하고, 경청하는 태도를 갖추는 것이 중요합니다.

• **균형 잡힌 감성 리더십**

경험을 바탕으로 한 인사이트를 제공하면서도, 동료와 후배들을 존중하고 공감하는 리더십이 필요합니다.

• **꾸준한 자기 계발**

변화하는 환경에 적응하고 업계 트렌드를 파악하며 지속적으로 성장하는 것이 리더로서의 가치를 높이는 길입니다.

보디랭귀지: 몸짓이 말해주는 당신의 자신감

당신의 보디랭귀지가 당신의 성공을 만든다

보디랭귀지는 나의 내면 상태를 반영합니다. 우리는 말을 하지 않아도 몸짓으로 많은 것을 전달할 수 있습니다. 몇 년 전 면접을 준비하는 30대 여성을 컨설팅하면서 면접실에 들어갈 때 수줍어하거나 너무 겸손한 태도는 오히려 역효과이니 당당하게 걸어 들어가라고 당부하였습니다. 그 여성은 면접에 합격하여 현재도 잘 다니고 있는데, 나중에 얘기를 들으니 면접관이 자신 있게 걸어들어오는 모습이 인상적이었다고 말해주었다 합니다. 얼굴 표정, 손짓, 자세 같은 보디랭귀지는 상대에게 강력한 메시지를 전하며, 특히 자신감을 표현합니다. 성공한 사람들을 보면 공통적으로 자신감 있는 보디랭귀지를

사용하며, 이는 사회적 관계와 비즈니스에서도 긍정적인 영향을 미칩니다.

자신감 있는 보디랭귀지

• 당당한 자세와 올곧은 허리

- 자신감 있는 사람들은 허리를 곧게 펴고 당당한 자세를 유지합니다.
- 앉을 때도 구부정한 자세보다 등을 곧게 세우고 자연스럽게 앉으면 신뢰감을 줍니다.

- 어깨를 뒤로 펴고 가슴을 살짝 열면 개방적이고 긍정적인 인상을 남깁니다.

TIP

거울 앞에서 자신의 기본 자세를 점검하고, 하루 10분씩 바른 자세로 서 있는 연습을 해보세요.

• 눈을 맞추는 시선

- 대화를 할 때 적절한 눈맞춤을 유지하면 자신감과 관심을 표현할 수 있습니다.
- 너무 오래 응시하면 부담을 줄 수 있으므로 자연스럽게 조절합니다.
- 눈을 피하거나 시선을 자주 돌리면 불안한 인상을 줄 수 있습니다.

TIP

상대방의 눈을 직접 보는 것이 어렵다면 눈썹과 미간 부근을 바라보는 연습을 해보세요. 자연스럽고 자신감 있는 인상을 만듭니다.

• 여유 있는 손동작

- 자신감 있는 사람들은 과하지 않으면서도 자연스럽게 손동작을

사용합니다.

- 너무 가만히 있거나 손을 주머니에 넣는 것은 소극적인 인상을 줄 수 있습니다.
- 손을 얼굴 가까이 가져가거나 만지작거리는 습관은 긴장감을 드러내는 행동이므로 주의해야 합니다.

TIP

설명할 때 손을 살짝 활용하여 강조하는 연습을 하면 더 강한 메시지를 전달합니다.

• 적절한 공간 활용과 여유 있는 동작

- 자신감 있는 사람들은 좁아 보이지 않는 공간 활용을 합니다.
- 팔짱을 끼거나 몸을 움츠리기보다는 편안하게 공간을 이용하며 자연스럽게 움직이는 것이 좋습니다.
- 걷거나 서 있을 때도 너무 빠르거나 조급한 움직임보다 차분하고 안정적인 동작을 하는 것이 중요합니다.

TIP

면접이나 발표 전에 손과 발을 너무 바쁘게 움직이지 않도록 의식하는 연습을 해보세요.

자신감 없어 보이는 보디랭귀지

- 구부정한 자세 → 위축된 인상을 줌
- 눈을 피하거나 자주 깜빡이는 시선 → 불안해 보일 수 있음
- 과도한 손짓이나 안절부절못하는 움직임 → 긴장감을 표현
- 조급한 걸음걸이 → 불안하거나 초조해 보일 수 있음
- 팔짱 끼기, 다리 꼬기 → 방어적이고 소극적인 인상을 줄 수 있음

자신감을 높이는 보디랭귀지 훈련법

- 거울 앞에서 자신감 있는 자세 연습하기
- 발표나 대화 전에 깊은 호흡으로 몸의 긴장 풀기
- 적절한 속도로 걷고 차분한 동작 유지하기
- 자연스러운 눈맞춤과 손동작 연습하기
- 동영상을 촬영해 자신의 보디랭귀지 체크하기

외모 마인드셋

외모 관리의 시작은 마인드셋에서 비롯됩니다.

정신의학과 부은주 선생님의 저서 『외모 자존감 수업』에서는 긍정적인 신체 이미지와 자존감 회복을 위한 심리 기술을 다루고 있습니다.

자신의 외모를 대하는 태도와 마인드셋이 바뀌면, 자연스럽게 외모도 변화합니다. 스타일링을 넘어, 자신을 가꾸고 자신을 존중하는 마음가짐이 진정한 아름다움을 만드는 방법입니다.

또한 자신을 가꾸는 것은 '자기 존중'의 표현입니다. 우리는 중요한 회의나 면접을 앞두고 더 단정하게 옷을 입고, 신경 써서 스타일링을 합니다. 왜냐하면 외모가 나를 대하는 태도를 결정하기 때문입니다.

자기 존중을 위한 실천법

- 아침마다 거울을 보며 긍정적인 말 건네기 (ex. "오늘도 멋지다" "내가 나를 사랑한다")
- 자신을 위한 시간을 내어 피부, 헤어, 패션을 관리하기
- 나 자신을 가치 있게 여기는 태도 가지기

외모 관리도 '성장'이다

외모를 관리하는 과정은 성장이라 생각합니다. 취업을 준비하는 사람이 자신의 실력을 키우기 위해 공부하고 연습하는 것처럼, 외모를 가꾸는 것도 자신을 발전시키는 과정입니다.

완벽한 외모를 가진 사람은 없습니다. 중요한 것은 내 장점을 어떻게 부각할 것인가입니다.

스타일링 체크리스트

- 나에게 잘 어울리는 색상과 스타일을 찾았는가?
- 머리부터 발끝까지 전체적인 스타일의 균형이 맞는가?
- 내 직업과 라이프에 맞는 스타일을 선택했는가?

ex) 강한 리더십을 강조하고 싶다면 차분한 네이비, 블랙 컬러를 선택
밝고 따뜻한 인상을 주고 싶다면 파스텔 톤의 의상 선택

'남을 위한 꾸밈'이 아닌 '나를 위한 스타일링'

많은 사람이 '예뻐지기 위해' '멋져 보이기 위해' 외모를 가꾼다고 생각하지만, 진정한 스타일링은 타인의 시선이 아니라 나 자신을 위한 것이어야 합니다.

유행을 따르는 것도 좋지만, 가장 중요한 것은 '나에게 어울리는 것'을 아는 것입니다. (예: 웜톤 피부에는 베이지, 브라운, 오렌지 계열이 잘 어울리고, 쿨톤 피부에는 블루, 그레이, 핑크 계열이 어울림)

자연스러움과 방치는 다릅니다. 깔끔한 피부, 건강한 헤어, 자신에게 맞는 옷을 입는 것만으로도 세련된 인상을 줄 수 있습니다.

- 외모 관리는 나를 아끼는 첫걸음이다.
- 꾸미는 것은 남을 위한 것이 아니라 나를 위한 것이다.
- 외모를 성장의 일부로 받아들이면 더욱 즐겁다.
- '나'라는 브랜드를 구축하자.

스트레스와 외모

현대 사회에서 스트레스는 피할 수 없는 요소입니다. 하지만 이 스트레스가 우리의 외모와 행복에 미치는 영향을 알고 있다면, 더 나은 관리 방법을 찾을 수 있습니다.

많은 연구에서 스트레스가 신체 건강뿐만 아니라 피부, 헤어, 체형, 표정 등 외모에 직접적인 영향을 미친다고 밝혀졌습니다. 또한, 지속적인 스트레스는 행복감을 낮추고 삶의 질을 떨어뜨리는 주요 요인으로 작용합니다.

스트레스가 외모에 미치는 영향

1. 피부 문제 (트러블, 탄력 저하, 노화 촉진)

스트레스는 코르티솔(스트레스 호르몬) 분비를 증가시키고, 이는 피부 염증을 유발합니다.

- 여드름, 트러블 증가
- 피부 장벽 약화 → 건조함, 홍조, 예민한 피부
- 콜라겐 파괴 → 주름, 탄력 저하

예방 TIP

- 충분한 수면: 하루 7~8시간 숙면은 피부 재생을 돕습니다.
- 스킨 케어 루틴 유지: 보습과 항산화 케어를 꾸준히 해주세요.

2. 머리카락 건강 악화 (탈모, 윤기 저하)

과도한 스트레스는 혈액 순환을 방해하고, 모근에 영양 공급을 줄여 탈모를 유발할 수 있습니다.

- 머리카락이 가늘어지고 윤기를 잃음
- 탈모, 원형 탈모, 두피 염증 증가
- 새치 증가

예방 TIP

- 두피 마사지를 통해 혈액 순환을 개선하세요.
- 철분, 비오틴, 단백질이 풍부한 음식을 섭취하세요.

3. 체형 변화 (급격한 체중 증가 or 감소)

스트레스는 식욕을 조절하는 호르몬(렙틴 & 그렐린)을 교란시켜 폭식 또는 식욕 감소를 초래할 수 있습니다.

- 폭식 경향: 스트레스 해소를 위해 고탄수화물 & 고지방 음식 섭취 증가 → 체중 증가
- 식욕 부진: 스트레스로 인한 소화 불량 & 식욕 감소 → 체중 감소

예방 TIP

- 정제 탄수화물(빵, 과자)보다 단백질과 식이섬유가 풍부한 음식 섭취

- 규칙적인 식사와 수분 섭취 유지

4. 표정 변화 (인상 쓰는 습관, 굳은 표정)

스트레스를 받으면 얼굴 근육이 긴장되고, 자연스럽게 찡그린 표정이 많아집니다.

- 자주 인상을 쓰면 미간 주름 & 이마 주름이 깊어짐
- 무표정으로 인해 차가운 인상을 줄 수 있음

예방 TIP

- 거울을 보며 의식적으로 미소 연습
- 스트레스가 심할 때는 얼굴 근육을 풀어주는 마사지 활용

스트레스가 행복에 미치는 영향

우울감 & 불안 증가

지속적인 스트레스는 뇌의 신경전달물질 균형을 깨뜨려 우울감과 불안을 유발할 수 있습니다.

- 의욕 저하, 무기력
- 감정 기복 심화
- 집중력 저하

예방 TIP

- 매일 감사 일기 쓰기 → 긍정적인 마인드 형성

- 명상 & 깊은 호흡 연습으로 감정 조절

사회적 관계 단절

스트레스를 받으면 혼자 있고 싶어지거나 타인과의 관계를 피하는 경향이 생깁니다.

- 짜증이 늘어 대인관계 악화
- 감정적으로 예민해져 사소한 일에도 민감한 반응

예방 TIP

-친구 & 가족과 소통하는 시간을 의식적으로 늘리기

-감정을 솔직하게 표현하는 연습

삶의 만족도 저하

스트레스가 쌓이면 현재의 삶에 대한 만족도가 낮아지고, 늘 불안한 상태가 지속됩니다.

- 일상의 소소한 행복을 느끼지 못함
- 장기적으로 번아웃 위험 증가

예방 TIP

- 하루 5분씩 기분 좋았던 순간을 기록하며 긍정적인 기억에 집중

- 좋아하는 취미 & 운동을 통해 스트레스를 해소

스트레스를 관리하는 습관: 외모 & 행복을 위한 5가지 실천법

1.규칙적인 운동 (유산소 & 근력 운동 병행)

→ 혈액 순환을 촉진하고, 행복 호르몬(세로토닌) 분비 증가

2.숙면 습관 (매일 같은 시간에 자기 & 수면 환경 최적화)

→ 수면 부족은 스트레스 호르몬 증가와 피부 노화를 촉진

3.깊은 호흡 & 명상 (매일 5분만 해도 효과적)

→ 긴장된 근육과 정신을 이완하여 스트레스 완화

4.건강한 식습관 (가공식품 줄이고, 영양 균형 맞추기)

→ 비타민B, 오메가3, 단백질이 풍부한 식단은 정신 건강에 도움

5.자신을 위한 시간 만들기 (소소한 즐거움을 찾기)

→ 좋아하는 취미, 산책, 독서 등 작은 행복을 느끼는 시간을 가지기

스트레스는 피할 수 없지만 관리할 수 있습니다.

부록

외모 관리 체크리스트

이 체크리스트는 일상에서 꾸준히 외모를 관리하고, 자신감을 유지하는 데 도움을 주기 위해 설계되었습니다. 매일, 주간, 월간으로 구분하여 실천해 보세요.

매일 관리 체크리스트

피부 관리

- ☐ 아침, 저녁으로 클렌징
- ☐ 수분 크림 또는 보습제 사용
- ☐ 외출시 자외선 차단제 바르기
- ☐ 메이크업은 깨끗이 지우기

헤어 관리

- ☐ 머리 감기 및 컨디셔너 사용
- ☐ 헤어스타일링
- ☐ 모발 건강을 위한 오일 또는 세럼 사용

바디 관리

- ☐ 샤워 후 보습 로션 바르기
- ☐ 손톱과 발톱 청결 및 관리
- ☐ 데오드란트 사용

스타일링

- ☐ 깔끔한 옷차림 확인
- ☐ 액세서리 적절히 매치
- ☐ 신발 청결 확인

건강 관리

- ☐ 물 마시기
- ☐ 과일과 채소 섭취
- ☐ 7-8시간 수면 유지

주간 관리 체크리스트

피부 관리

- [ ] 각질 관리
- [ ] 팩 또는 마스크 사용
- [ ] 눈가, 입가 집중 관리

헤어 관리

- [ ] 헤어 트리트먼트 또는 팩 사용
- [ ] 모발 끝 부분 정리 (필요 시)

바디 관리

- [ ] 전신 스크럽으로 각질 제거
- [ ] 발 관리 (패디큐어 또는 필링)

스타일링

- [ ] 옷장 정리 및 다음 주 스타일 계획
- [ ] 필요시 세탁 또는 수선

건강 관리

- [ ] 운동 3-4회 이상 실천
- [ ] 스트레칭 및 자세 교정

월간 관리 체크리스트

피부 관리

- [ ] 피부과 상담 또는 전문 관리 (필요시)
- [ ] 메이크업 브러시 및 도구 청소

헤어 관리

- [ ] 두피 클렌징 또는 전문가 상담
- [ ] 염색 또는 탈모 관리 (필요 시)

바디 관리

- [ ] 바디 마사지 받기
- [ ] 손톱, 발톱 전문 관리 (매니큐어, 페디큐어)

스타일링

- [ ] 옷장 점검 및 필요 없는 옷 정리
- [ ] 새로운 스타일 시도 또는 아이템 추가

건강 관리

- [ ] 건강 검진 또는 피트니스 목표 점검
- [ ] 식단 조절 및 영양 상태 평가

TIP

✔ 자신만의 루틴을 만들고 꾸준히 실천하세요.
✔ 외모 관리가 자신감을 높이는 도구임을 기억하세요.
✔ 건강한 마인드셋과 긍정적인 태도가 가장 중요한 외모 관리입니다.

이 체크리스트를 활용해 외모 관리의 습관을 만들어보세요. 외모도 실력이다!

에필로그
자기 관리가 주는 만족감

어느 순간부터 우리는 외모를 타고난 조건으로만 생각해 왔을지도 모릅니다. 하지만 외모는 단지 겉모습이 아닌, 자신을 표현하는 가장 강력한 수단이며, 자기 관리의 결과입니다.

외모를 가꾼다는 것은 멋을 내는 것이 아니라 자신을 존중하는 태도입니다. 깔끔한 스타일, 건강한 몸, 자신감 있는 표정은 타인을 위한 것이 아니라 결국 나 자신을 위한 것입니다. 그리고 이 모든 과정이 쌓여 나만의 매력과 경쟁력이 됩니다.

처음에는 작은 변화일 수 있습니다. 평소보다 조금 더 밝은색의 옷을 입어보는 것, 어울리는 헤어스타일을 찾아보는 것, 피부 관리를 조금 더 신경 써보는 것. 이러한 작은 실천이 쌓이면 어느새 자신에게 만족하는 순간이 찾아옵니다.

"내가 나를 위해 노력해 왔구나."

그 사실을 깨닫는 순간, 외모 관리가 더 이상 부담이 아닌 즐거운 습관이 됩니다. 변화하는 나의 모습을 보면서 점점 더 당당해지고, 자연스럽게 자신감이 생깁니다. 그리고 이 자신감은 외적인 모습을 넘어 일과 인간관계, 삶의 태도까지 긍정적으로 변화시킵니다.

자기 관리는 '완벽해지기 위해' 하는 것이 아닙니다.
나를 더 사랑하고 나답게 빛나는 삶을 살기 위해 하는 것입니다.

거울 앞에 선 나 자신을 보며 자신에게 말해 보세요.
"나는 충분히 멋지고, 앞으로 더 멋져질 것이다."

지금까지 이 책과 함께한 시간이 여러분의 변화를 위한 작은 동기부여가 되었기를 바랍니다. 외모는 실력입니다. 그리고 그 실력은, 여러분이 만드는 것입니다.

오늘도 나를 위해, 멋진 변화를 시작하세요.

참고 도서

1. 마티아스울,에카르트 볼란트 『왜 그사람이 더 잘 나갈까 』서돌, 2009
2. 시세이도 뷰티 솔루션 『Make-up Therapy』 광문각, 2013
3. 구희연, 이은주 『대한민국 화장품의 비밀』 거름, 2012
4. 김보배 『Personal Image』 경춘사, 2010
5. 잭 내서 『어떻게 능력을 보여줄 것인가』 갤리온, 2018
6. 캐서린 하킴 『매력자본』 민음사,2013
7. 도리스 매르틴 『아비투스』 다산북스, 2020
8. 데이비드 페렛 『끌리는 얼굴은 무엇이 다른가』 엘도라도, 2014
9. 이랑주 『좋아 보이는 것들의 비밀』 지와인, 2021
10. 부은주 『외모 자존감 수업』 그래도 봄, 2023
11. 리브스트룀크 비스트 『거울의 방에서』 돌베게, 2022
12. 제니퍼 바움 가르트너 『옷장 심리학』 중앙 books, 2017
13. 스티븐 웨스트랜드『Universal Principle of Color』 유엑스리뷰, 2024
14. 리스리스 아이즈먼 『Panton on Fashion』 비즈앤비즈, 2015
15. 리치 칼가아드 『Late Bloomers』 한국경제신문, 2021
16. 케이트 스컬리 『패션 색채 예측』 비지앤 비즈, 2013
17. 알렉산드라 로스게 『색의 역사』 미술문화, 2020
18. 미셸 파르투로 『색의 인문학』 미술문화, 2020
19. 키아라파스콸레티 『CHANEL』 동글 디자인, 2022
20. 스에나가 타미오 『색채심리』 예경, 2001
21. 데이비드 콜즈 『컬러의 역사』 영진 닷컴, 2020
22. 카시아 세인트 클레어 『컬러의 말』 윌북, 2018
23. 캐런 할러 『컬러의 힘』 윌북, 2019

24. 로라 페리먼 『컬러의 일』 윌북, 2022

25. 제임스폭스 『컬러의 시간』 윌북, 2022

26. 폴 심프슨 『컬러의 방』 윌북, 2022

27. 김정혜 『색깔의 힘』 토네이도, 2016

28. 밥 햄블리 『컬러에 물들다』 리드리드, 2016.

29. 에바헬러 『색의 유혹1.2』 예담, 2002

30. 데이비드 스콧카스탄 『온 컬러』 갈마바람, 2020

31. 김정혜 『좋아보이는 것들의 비밀, 컬러』 길벗, 2016

32. 이상희 『컬러 카리스마』 늘 푸른 소나무, 2019

33. 문은배 『색을 불러낸 사람들』 안그라픽스, 2019

34. 김보배 『옷 입는게 왜 그래요』 문이당, 1993

35. 최경원 『Great Designer』 길벗, 2010

36. 조안 핑켈슈타인 『패션의 유혹』 청년사, 2005

37. 최경원 『붉은색의 베르사체 회색의 아르마니』 길벗, 2007

38. 최경원 『디자인 읽는 CEO』 21세기 북스, 2010

39. 베리 할브레이치 『패션테라피』 올댓북스, 2015

40. 최경원 『Oh,My Style』 미니멈, 2010

41. 바비 토머스 『스타일리시』 인사이트앤뷰, 2014

42. 윤광준 『심미안 수업』 지와인 ,2019

43. 삼성 패션연구소 『패션에 쉼표를 찍다』 랜덤 하우스, 2006

44. 러네이 앵겔슨 『거울 앞에서 너무 많은 시간을 보냈다』 웅진 지식 하우스, 2017

45. 데보라 린 다링 『스타일이 경쟁력이다』 부키, 2006